U0502142

存货岗位实务

主 编 王秀娟 王 欢 马璐璐

副主编 王 琳 黄显明 孔凡艳

主 审 周雨冬

北京工业大学出版社

图书在版编目（CIP）数据

存货岗位实务 / 王秀娟，王欢，马璐璐主编．— 北
京 ：北京工业大学出版社，2021.10 重印
ISBN 978-7-5639-6006-4

Ⅰ．①存… Ⅱ．①王… ②王… ③马… Ⅲ．①制造工
业—存货管理 Ⅳ．① F407.4

中国版本图书馆 CIP 数据核字（2019）第 021050 号

存货岗位实务

主　　编：王秀娟　王　欢　马璐璐
责任编辑：齐雪娇
封面设计：点墨轩阁
出版发行：北京工业大学出版社
　　　　　（北京市朝阳区平乐园 100 号　邮编：100124）
　　　　　010-67391722（传真）　　bgdcbs@sina.com
经销单位：全国各地新华书店
承印单位：三河市元兴印务有限公司
开　　本：787 毫米 ×1092 毫米　1/16
印　　张：14
字　　数：280 千字
版　　次：2021 年 10 月第 1 版
印　　次：2021 年 10 月第 2 次印刷
标准书号：ISBN 978-7-5639-6006-4
定　　价：40.00 元

编写说明

为了提升中等职业学校会计专业学生实际操作能力，满足中职会计专业实践性教学需要，笔者根据最新发布实施的会计与税收等相关法律、法规和规范，借鉴会计改革实践经验，在深入企业调查研究的基础上，编写了本实践性教材。

《存货岗位实务》是继《会计基础与基本技能实训》和《出纳岗位实务》之后，结合企业与存货有关的核算岗位，进行针对性训练，力求实现"以学生为中心、以就业为导向、以能力为本位"的人才培养目标。

本书具有以下特点。

（1）遵循准则，贴近企业实际。

本书根据财政部颁布实施的《企业会计准则》《企业会计准则——应用指南》《企业会计准则——基本准则》，结合《增值税暂行条例》编写。同时，在原始凭证、记账凭证、账簿选择上，参照企业实际进行编撰，所阐述的岗位流程，尽量贴近企业实际，以期学生通过本书的实训，可以胜任企业材料核算员、保管员、采购文员、销售文员等工作岗位。

（2）仿真模拟，强化实践能力。

本书在强化会计基本知识、基本理论和基本技能的同时，注重实践能力的培养和创新，以培养中职学校会计专业学生掌握存货岗位工作流程和职业能力为目标，以实际工作中存货岗位的职业能力要求为出发点，充分加强会计实践性教学，促进学生实践能力的提升。

（3）编排新颖，激发实训兴趣。

本书的编写遵循"实践—理论—再实践"的写作模式，将实际工作情境展示与会计理论完美融合。为激发学生实训兴趣，改变传统的先理论后实操的实训模式，而是穿插以"情境展示""岗位分析""背景知识""任务实施""拓展提升""模拟实操"等版块，让学生在实训中感悟会计理论，真正实现学以致用。

（4）强化重点，提升职业技能。

本书本着"以就业为导向"的原则，从会计实际工作出发，以材料核算岗位和库存商品核算岗位作为重点，辅之以材料采购岗位、材料保管岗位、产品销售岗位等工作流程，让学生身临其境般参与企业存货业务全过程，提升学生的职业技能。

本书既可作为中等职业学校财经类专业的基础课教材，也可作为财会人员的岗位培训教材及自学参考书。

本课程总学时72学时，各项目课时分配见下表（供参考）。

教学内容		学 时 数		
		讲授	实训	合计
项目一	存货核算岗位的职责与工作流程	2	2	4
项目二	制造业企业材料相关岗位概述	12	18	30
项目三	制造性企业库存商品相关岗位概述	10	16	26
项目四	存货岗位会计综合实训		8	8
机　动		2	2	4
合　计		26	46	72

在本书编写过程中，编者参考了财政部统编且畅销全国多年的中等财经学校教材《企业财务会计》，在此一并表示感谢。

由于成书时间较短，加之编者水平有限，书中不足之处在所难免，恳请读者批评指正。

目　录

项目一　存货核算岗位的职责与工作流程

> **重点关注：**（1）存货核算岗位职责；
> 　　　　　　（2）存货岗位核算形式及范围；
> 　　　　　　（3）存货核算岗位的工作流程。

能力内容一　存货核算岗位人员设置与职责

◆**能力目标**

熟知存货岗位职责，提升职业素养。

◆**岗位引领**

企业存货的品种、规格、数量繁多，核算工作量较大。针对细致的存货核算工作，企业会根据实际需要设置存货核算岗位，确定岗位职责，提高存货核算的工作效率。

一、存货核算岗位的人员设置

企业应根据自身规模大小、存货收发业务多少等情况来设置存货岗位。

一般来说，大中型工业企业可设置一岗多人，并采用"账卡分设"的核算形式，由多名保管人员和一名材料核算人员分别完成存货的收发业务明细分类工作，仓库的保管人员分别负责"原材料库""周转材料库""产成品库"等存货库收发登记工作。

如果企业类型较小，可设置一岗一人并采用"账卡合一"的核算形式。材料保管工作、材料核算工作由一人完成，在管理"原材料库""周转材料库""产成品库"等收发登记工作的同时，完成存货明细分类核算。

二、存货核算岗位的职责

存货核算是一项十分细致的工作，不仅需要核算人员了解存货管理在财务管理及整个企业中的作用，还需要核算人员掌握各种存货核算的业务知识，并要充分了解本企业生产的工序与工艺过程、产品性能和基本结构，能够配合生产技术部门做好有关工作。存货核算岗位的职责包括以下几个方面。

①会同有关部门拟定材料物资管理与核算实施办法。

②审查采购计划，控制采购成本，防止盲目采购。

③负责存货明细核算。对已验收入库尚未付款的材料，月终要估价入账。

④配合有关部门制定材料消耗定额，编制材料计划成本目录。

⑤参与库存盘点，处理清查账务。

⑥分析储备情况，防止呆滞积压，对于超过正常储备和长期呆滞积压的存货，要分析原因，提出处理意见和建议，并督促有关部门处理。

能力内容二　存货岗位核算形式及范围

◆**能力目标**

了解存货岗位核算形式，熟知存货资产的核算范围。

◆**岗位引领**

对于不同规模的企业，其对存货核算岗位设置需求不同，核算形式也不尽相同。工作人员了解大中小企业存货岗位核算的方法，可以在实际工作中胜任不同角色。

一、存货岗位核算形式

存货是制造企业和商品流通企业中一项重要流动资产，它是会计核算体系中的一项重要组成部分，它的成本在企业中占比重最大，因此存货的计划和控制必然是企业管理的重要环节。因此，对于存货的明细分类核算要求是"数量"核算和"金额"核算两个部分。根据这一要求，存货的明细分类核算基本有以下两种形式。

（1）"账卡分设"，即"两套账"，企业的仓库和财务部门各自设置一套存货明细账簿。

仓库设置"存货卡片"，核算各种存货收、发及结存的数量。"存货卡片"根据类别、品种、规格设置，按存货类别和编号顺序排列，并装订成活页账以便保管。财务部门设置存货明细账，同样按存货类别、品种、规格设置，用来核算各种存货收、发及结存的数量和金额。其收入栏是根据收料凭证逐笔登记数量和金额，发出栏中的数量则根据发出凭证逐笔登记，但单价和金额应根据发出存货计价方法加以确定。

采用这种方式，仓库与财会部门可起到相互制约的作用，但需要双重人员重复记账，适合大中型制造企业。

（2）"账卡合一"，即"一套账"，此方式是将仓库设置的存货卡片与财会部门设置的存货明细账合并为一套数量、金额式存货明细账，进行存货明细分类核算，同样收入栏是根据收料凭证逐笔登记数量和金额，发出栏中根据发出凭证逐笔登记数量并在结存栏中结出数量。有关发出栏的金额要根据发出存货计价方法加以确定。

采用这种方法可节约人工成本，适合中小型制造企业，要求仓库部门的保管员应达到材料核算员的标准。

二、存货资产的核算范围

要想对存货进行正确的核算，就必须知道存货的核算范围。确认存货的标准是企业对货物是否具有法定所有权，凡在盘存日期，法定所有权属于企业的物品，不论其存放何处或处于何种状态，都应确认为企业的存货；反之，凡是法定所有权不属于企业的物品，即使存放于企业，也不能确认为企业的存货。也就是说并非所有存放于企业的存货都属于存货核算的范围。属于存货资产核算范围的包括下列三类有形资产。

（1）在日常生产经营过程中持有以备出售的存货，即企业在日常生产经营过程中处于待销售状态的各种物品，如工业企业的库存产成品，商品流通企业的库存商品等。

（2）为了最终出售目的尚处于生产过程中的存货，即企业为了最终出售但目前尚处于生产加工过程中的各种物品，如工业企业的在产品和自制半成品、委托加工物资等。

（3）为了生产供销售的商品或提供劳务以备消耗的存货，即企业为产品生产或提供劳务耗用而储备的各种物品，如工业企业为产品生产耗用而储备的原材料、包装物、低值易耗品等。

？以下有哪些属于企业的存货？

晨曦服装有限公司主要从事男士西装的生产和加工，原材料主要包括羊毛面料、法兰绒面料、黏合里衬、纽扣等。请判断以下哪些项目属于企业存货的范围。

①仓库中上月购入的羊毛面料；

②本月购入但未到达企业的里衬；

③当天购买并办理入库的纽扣；

④上月生产完工的西装；

⑤本月生产的西装半成品；

⑥委托某服装加工厂加工西装而发出的羊毛面料；

⑦仓库中的西装防尘袋；

⑧仓库中已经销售但尚未提走的西装；

⑨接受某服装厂委托代销的西装；

⑩生产西装的机器设备覆衬机。

相关链接——确认存货应同时满足下列条件

（1）与存货有关的经济利益很可能流入企业；

（2）与该存货有关的成本能够可靠计量。

能力内容三　制造业企业存货核算

◆**能力目标**

了解制造业企业存货核算的三个阶段，熟知制造业企业存货核算岗位工作流程。

◆**岗位引领**

为了及时、准确了解处于不同阶段存货占用资金的数量、流向、周转等情况，需要区别不同阶段设置存货类账户，采用不同的管理方式。

一、制造业企业存货核算的三个阶段

制造业企业的存货分布在企业生产和经营过程的不同阶段，包括采购、仓储、生产等环节。

第一，物资采购阶段，即存货的入库，主要是由供应部门采购以备生产产品而耗用的材料、物资等。制造业企业所采购的存货大多为企业生产和经营过程中消耗的材料，包括原材料及主要材料、辅助材料、外购半成品、修理用备件、包装材料、燃料等。存货入库凭证如"材料入库单"。

第二，生产加工阶段，即存货的发出，主要是由生产产品车间领用各种材料、物资。制造业企业处于生产过程中的存货就是正在加工的在产品。存货发出凭证，如"领料单""限额领料单"。

第三，期末汇总阶段，即期末对平时购入的材料、物资和发出的材料、物资的原始凭证加以汇总，编制"购入存货"和"发出存货"汇总表，为成本会计提供存货核算依据。

二、制造业企业存货核算岗位的工作流程

存货的核算方法有实际成本法和计划成本法。现以实际成本法为例，其具体核算流程如图 1-1 所示。

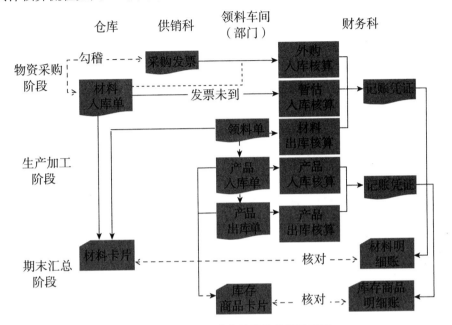

图 1-1　存货按实际成本计价的核算流程图

项目二　制造业企业材料相关岗位概述

```
重点关注：（1）材料采购业务流程；
　　　　　（2）材料保管业务流程；
　　　　　（3）原材料收、发、存的核算。
```

能力内容一　材料采购业务实务

◆**能力目标**

了解存货采购岗位的工作流程。

◆**岗位引领**

采购材料是整个存货管理流程的起点。一个好的材料采购员可以提高采购工作效率，协助公司控制采购成本。

本节实训目标岗位：采购员、采购文员。

【情景展示】

晨曦服装有限公司设有办公室、采购部、生产部、仓储部、销售部、财务部等行政部门。各部门有关材料业务的职责如下。

生产部——负责编写原材料年度和月度采购计划；

　　　　　动态跟踪采购计划的执行并及时进行调整；

采购部——负责原材料的采购工作及相关协调工作；

仓储部——负责原材料的收发、保管；

销售部——负责库存商品的销售工作及相关协调工作；

财务部——监督原材料采购相关工作，根据流程支付货款，进行原材料收发核算；监督库存商品销售相关工作，收取销售款项，进行库存商品收发核算。

有关原材料的采购流程如图2-1所示。

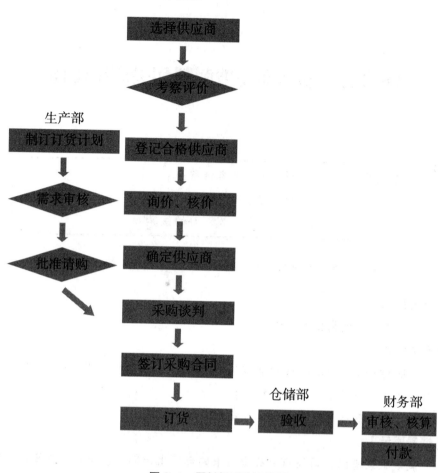

图 2-1 原材料采购流程图

一、制造业企业采购机构设置与采购员的职责

制造业企业是以盈利为目的，从事工业生产经营活动或提供工业性劳务的经济组织。制造业企业供产销链条比较完整，中型以上的制造业企业更有完善的采购机构、完整的采购流程、规范的采购职责。因此，以制造业企业为例了解供应过程更为合适。

制造业企业采购机构根据公司规模设置的繁简程度而不同，但一般直接隶属于企业办公室，主要负责采购、供应材料、备品配件及其他物资，合理地组织采购，并及时供应生产所需的物资。企业采购机构人员，应选择合格的供应商并对采购过程进行严格的控制，确保供应商提供的物料能够满足公司的规定要求，同时最大限度降低采购成本。

采购员的职责主要包括以下几项。

①编排采购计划，订购物资、设备；

②下达订购单；

③控制物料的交货期；

④查验物料的品质和数量；

⑤办理交验、报账手续；

⑥与供应商对有关交货期、交货量等方面进行沟通协调。

采购文员的职责主要包括以下几项。

①收集、整理与统计各种采购单据与报表；

②保管与维护采购工作的必要原始记录；

③传达各项采购事务。

二、材料采购岗位实训

【情景展示】

晨曦服装有限公司采购部由五人组成，分别是采购经理冯凯，采购主管刘海，采购员张翔天、刘鹏，采购文员郑莉。采购员张翔天和刘鹏分别负责主要材料和辅助材料的采购。

2018 年 6 月，根据生产部的订货计划，需要采购羊毛面料 3 000m。

环节一：确定采购需求。采购经理冯凯根据生产部的订货计划，确定在本月需要 3 000m 羊毛面料，并在上旬采购完毕并办理入库手续。

环节二：填制与审核采购申请单。羊毛面料的采购由采购员张翔天负责。填制采购申请单并交由采购经理冯凯审核。填制的采购申请单如下。

证表 2-1

采购申请单

日期：　**2018 年 6 月 2 日**　　　　　　　　　　　　　订单编号：　**20180602**

材料编号	材料名称	规格	单位	数量	单价	金额	交货日期
101	羊毛面料	150cm	m	3 000	40.00	120 000.00	2018.6.9
合计				3 000		120 000.00	
总经理		采购经理		采购主管		采购员	
刘晨曦		冯凯		刘海		张翔天	

相关链接——采购申请单

采购申请单是采购物品时提交的单据，一般包括采购申请单基本信息与采购物品基本信息，填写好后需要通过审批方可组织采购。物品采购后由品质部门验收，验收合格入库。以制造业企业为例，日常购进材料主要由采购员提交采购申请单，经领导批示后，交采购员采购。采购申请单一般一式三联，一联请购部门留存，一联送采购部用于采购，一联送财会部门留存。

环节三：选择供应商。公司成立由采购经理冯凯、采购主管刘海、采购员张翔天、生产部经理李宏达、仓储部经理赵赫组成的供应商评选小组，分析市场竞争环境，从供应商业绩、设备管理、质量控制、成本控制、技术开发、客户满意度、交货协议等方面建立供应商评价标准，采用技术方法对供应商进行多方评价，从新海纺织品有限公司、三绒羊毛布料公司、天伦毛纺织品有限公司三家主要供应商中，确定本次采购供应商为新海纺织品有限公司。

环节四：采购谈判。采购员张翔天与供应商新海纺织品有限公司对有关购销业务事项进行磋商，包括羊毛面料的规格、技术标准、订购数量、质量标准、售后服务、价格、交货时间和地点、运输方式、付款条件等。从准备到正式洽谈，最终成交。

环节五：签订采购合同。经过采购谈判，晨曦服装有限公司与供应商新海纺织品有限公司达成协议，由采购员张翔天与对方公司销售员刘达签订合同。签订的合同内容如下。

证表 2-2

采购合同

甲方：新海纺织品有限公司

乙方：晨曦服装有限公司

甲乙双方本着公平、公正的原则，依据相关法律、法规的规定，制定如下购货合同。

一、乙方向甲方购买羊毛面料。

二、材料要求、单价及数量：

羊毛面料：面料风格为斜纹呢，面料成分为 50% 羊绒，幅宽为 150cm，合格产品约 3 000 m，单价为 40 元 /m，共计 120 000 元（壹拾贰万元）。

三、付款方式：

货到场验收并清点清楚后三日内，乙方向甲方交纳全部货款。

四、甲方责任：

甲方根据乙方所提供的供货资料，严格按照相关要求及技术规定，确保产品合格并及时提出给乙方使用。

五、乙方责任：

乙方给甲方提供一份详细的有关产品技术资料及数量，乙方保证货款及时到位。乙方将货款转到甲方指定账户。

六、违约责任：

甲乙双方签订合同后，应严格按照合同条款履约，如有一方违约，违约方需支付另一方违约金，即总货款的 10%，并承担因违约引起的相关法律责任。

甲方（章）：新海纺织品有限公司　　乙方（章）：晨曦服装有限公司

授权代表：翔达　　　　　　　　　　授权代表：张翔天

联系电话：13581569899　　　　　　 联系电话：15331680050

日期：2018 年 6 月 6 日　　　　　　 日期：2018 年 6 月 6 日

　　环节六：订购单订货。双方签订采购合同并确认无误后，由晨曦服装有限公司采购员张翔天出具订货单给新海纺织品有限公司，进行订货。订货单如下。

证表 2-3

订货单

日期：　2018 年 6 月 6 日

甲方：	新海纺织品有限公司		乙方：	晨曦服装有限公司		
联系人：	刘达		联系人：	张翔天		
电话：	13581569899		电话：	15851680050		
传真：	024-36856955		传真：	024-25669666		

今乙方向甲方订购如下产品：

	产品名称	规格	数量	单价	金额
1	羊毛面料	150cm	3 000	40.00	120 000.00
2					
3					
合计：人民币　零佰壹拾贰万零仟零佰零拾零元零角零分					
期望发货时间： 2018 年 6 月 7 日			运输方式： 汽车		

相关条款：

（1）付款日期：乙方保证货款按合同规定日期到位。

（2）付款方式：支票。

（3）运输公司由甲方指定。

（4）在货款未付清前，甲方拥有货物的最终所有权。

甲方名称及签章：新海纺织品有限公司　　　乙方名称及签章：晨曦服装有限公司

税号：　91QH0256898877　　　　　　　　　税号：　21011265889158

开户行：　工商银行XX支行　　　　　　　　开户行：　建设银行XX支行

账号：　326548000110-96　　　　　　　　账号：　521585218200550

地址：　沈阳市浑南新区科技路39号　　　　地址：　沈阳市大东区远景路59号

电话：　024-36856955　　　　　　　　　　电话：　024-25669666

负责人签字：　刘达　　　　　　　　　　　负责人签字：　张翔天

【岗位演练】

实训一：

华达有限公司是一家沙发生产企业。2018 年 7 月 2 日，生产部需要采购一批材料，采购部的采购员张旭根据需求，填制采购申请单。生产部提供的材料参数及相关内容如下。

材料名称：高弹性海绵。

材料编号：2001。

规格：$20cm/m^2$。

需求量：320m²。

预期单价：260 元 /m²。

要求：请你代采购员张旭填制采购申请单。

证表 2-4

采购申请单

日期：　　　　　　　　　　　　　　　　　　　　　　　　　　订单编号：

材料编号	材料名称	规格	单位	数量	单价	金额	交货日期
合计							
总经理		采购经理		采购主管		采购员	

实训二：

华达有限公司采购部的采购员张旭明确采购需求后，立即发布求购信息，并收集了多家供应商的报价。经过比价议价后，锁定三家供应商，采购员张旭与生产部刘经理一起前往供应商进行现场评估。

上午二人参观的第一家 A 供应商是一家民营企业，规模不大，价格合理，材料的质量看起来还不错，彼此交谈都感觉比较愉快。参观结束时，A 供应商的老板主动邀请共进午餐，刘经理和张旭委婉拒绝了。

下午，二人共同参观了韩资企业 B 供应商。B 供应商实力雄厚，材料质量非常好，虽然价格稍贵，但总体合理。

在 B 供应商参观后，张旭和刘经理一同前往 C 供应商。C 供应商的老板是一位年轻漂亮的付小姐，看起来和刘经理很熟识的样子。只是简单介绍了一下企业的材料，便邀请张旭和刘经理一同吃晚饭。张旭立刻回答说："谢谢付总的美意，今天很晚了，我们回去吃吧，以后有机会我们再聚！"付总说："没关系的，吃饭用不了太长时间，吃完饭我叫车送你们回去。"刘经理也说："我跟付总认识有几年了，我以前的公司就用他们的产品，质量信得过，我们也不能辜负付总的盛情款待啊！"张旭拗不过，只好跟随刘经理一起上了付总的车。吃饭时，付总承诺成交后会给张旭和刘经理一定的辛苦费。

面对这三家供应商，张旭有些不知所措了，他应该向谁采购呢？请你帮张旭出出主意吧！

相关链接——采购人员的职业素养要求

忠于职守，廉洁奉公；

较强的责任心和主动的工作态度；

精湛的业务基础知识和文化基础知识；

较好的沟通能力和协作配合能力；

甄选供应商和甄别产品质量的判断力；

较好的成本分析和预测能力等。

实训三：

华达有限公司采购部张旭经过缜密分析，最终选定方欣公司为本次材料采购的供应商。并与方欣公司针对各项细节进行采购谈判，于 2018 年 7 月 8 日签订了购货合同。确认无误后，张旭于 2018 年 7 月 9 日向方欣公司发出订货单。所购材料及双方公司的有关信息如下。

材料名称：高弹性海绵

材料编号：2001。

规格：$20cm/m^2$。

需求量：$320m^2$。

实际单价：250 元 $/m^2$。

期望发货时间：2018 年 7 月 26 日。

供应商（甲方）方欣公司：	采购方（乙方）华达有限公司：
联系人：朱红艳	联系人：张旭
电话：13887458111	电话：13025480655
传真：021-65815084	传真：021-48547841
税号：310226151254550	税号：310226587928001
开户银行：建设银行浦发支行	开户银行：华夏银行云桥支行
账号：125049480410	账号：155010008815-1011
地址：上海市徐汇区兴达路 34 号	地址：上海市浦东新区 342 号

证表 2-5

订货单

日期：

甲方：		乙方：	
联系人：		联系人：	
电话：		电话：	
传真：		传真：	

今乙方向甲方订购如下产品：

	产品名称	规格	数量	单价	金额
1					
2					
3					

合计：人民币 佰 拾 万 仟 佰 拾 元 角 分

期望发货时间：	运输方式： 汽车

相关条款：

（1）付款日期：乙方保证货款按合同规定日期到位。

（2）付款方式：支票。

（3）运输公司由甲方指定。

（4）在货款未付清前，甲方拥有货物的最终所有权。

甲方名称及签章：	乙方名称及签章：
税号：	税号：
开户行：	开户行：
账号：	账号：
地址：	地址：
电话：	电话：
负责人签字：	负责人签字：

◆实训小结

（1）通过模拟采购员和采购文员职位，熟悉了采购业务流程；

（2）掌握了采购员和采购文员职位基本单据填写；

（3）了解了采购人员的职业素养要求。

能力内容二 材料保管业务实务

◆**能力目标**

了解存货保管岗位的工作流程。

◆**岗位引领**

企业的仓储保管部门需要有专职人员按规定做好物资设备进出库的验收、记账和发放工作，并随时掌握库存状态，保证物资设备及时供应，提高存货的周转效率。

本节实训目标岗位：材料核算员、保管员。

【**情景展示**】

晨曦服装有限公司所设的仓储部负责原材料和库存商品的收发、保管。有关原材料保管业务的流程如图 2-2 所示。

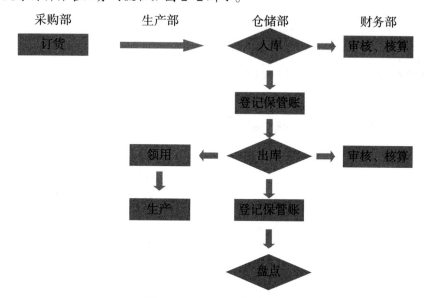

图 2-2 原材料保管流程图

一、制造业企业材料保管机构设置与有关工作职责

制造业企业出于规范内部控制的需要，通常要单独设置材料保管机构，如设置仓储部、保管科等。材料保管机构主要为生产部门服务，为企业生产提供原材料、周转材料等，并对生产部门的材料质量和产品质量进行控制。单独设置材料保管机构，能够有效控制生产过程中发生的不合理损耗，可以对生产部门加以约束和考核。有些不具备单独材料保管机构条件的企业，也可以在营销部门等行政部门内设置材料核算员和材料保管员，以方便材料收发记录，并进行控制监管。

仓储部门工作主要职责如下。

①合理规划仓库区域，清楚标识物料，提高仓库库容利用率；

②严格按流程要求收发物料，做好仓库物料的收、发及存管理；

③与职能部门有关人员密切配合，做好生产物料的调度工作，并及时反馈生产物料的短缺或过量采购等异常情况，提高存货周转率；

④协助财务部门对物料成本的控制和监督；

⑤实行定期盘点制度，确保仓库物品的账、卡、物三者一致；

⑥做好仓库各种原始单证的传递、保管、归档工作，确保各项记录的完整、准确和及时。

在实际工作中，仓储部门的材料核算员和保管员之间，岗位界限不必严格划分，其职责主要包括以下几项。

①负责入库物料的检查验收，填制材料入库单，登记材料保管账；

②负责出库物料的检查核对，按领料单出货，登记材料保管账；

③严格按照标准进行仓库管理；

④坚持凭单下账，保证账目清晰，坚持日清月结；

⑤定期进行账实核对，确保账、卡、物相符；

⑥确定合理的材料存货定额，掌握材料的收发结存情况。

二、材料保管岗位实训

【情景展示】

晨曦服装有限公司仓储部由三人组成，仓储部经理赵赫，仓库保管员张宇、王海滨。仓库保管员张宇、王海滨分别负责材料的收发存管理和库存商品的收发存管理。

2018 年 6 月 9 日，采购部采购的羊毛面料 3 000 m 到达企业。

环节一：办理材料验收入库。根据供应商新海纺织品有限公司的到货通知，货物在 6 月 9 日上午 10 点准时到达企业仓库。仓库保管员张宇与采购员张翔天一同根据司机的送货清单清点收货。张宇与张翔天共同检验货品状况，通过检查，货物状况完好，二人开始卸货。卸货时，确认所购材料数量为 3 000 m，规格型号与清单完全相符，且无丝毫破损和短缺。卸货完毕，张宇在送货清单上签收。

环节二：填制材料入库单。羊毛面料入库后，由张宇填制材料入库单，并交由仓储部经理赵赫审核，审核完毕后，将材料入库单连同收到的购货增值税专用发票送至公司财务部审核。填制的材料入库单如下。

证表 2-6

材料入库单

2018 年 6 月 9 日

名称	规格	单位	数量		实际成本					第二联 会计记账联
			应收	实收	买价		运杂费	其他	合计	
					单价	金额				
羊毛面料	150cm	m	3 000	3 000	40.00	120 000.00			120 000.00	
合计						120 000.00			120 000.00	

主管： 赵赫　　检验员： 张翔天　　保管员： 张宇　会计：

相关链接——材料入库单

　　材料入库单亦称收料单，是制造业企业外购材料等入库验收时，由仓库验收人员填制的原始凭证。材料入库单一般一式三联，一联存根，仓储部门据此进行明细核算；一联送采购部门据此检查供货合同执行情况；一联送财会部门据此进行会计核算。

　　环节三：登记材料保管账。保管员张宇根据材料入库单，及时登记材料保管账。登记的材料保管账如下。

证表 2-7

材料保管账

第 1 页

编号	101
名称	羊毛面料
材质	50% 羊绒
规格	150cm

计量单位： m
计划单价：＿＿＿＿

2018 年		凭证号	摘要	进货实际单价	收入数量	发出数量	核对号	结存										
月	日							数量	金额								
									千	百	十	万	千	百	十	元	角	分
1	1		上年结转					1 000										
	5	（略）	入库		2 600			3 600										
	8	（略）	领用			1 200		2 400										
	23	（略）	领用			1 500		900										
1	31		本月合计		2 600	2 700												
2	10	（略）	领用			600		300										
					（略）													
5	31		本月合计		3 200	2 700		500										
6	9	（略）	入库		3 000			3 500										

根据材料入库单的数量填写

逐笔结出余额，便于随时掌握材料库存情况

相关链接——材料保管账

　　材料保管账是仓库保管员为记录原材料收、发及存所登记的台账，以确保原材料账实相符。材料保管账目要严格对照材料类别、名称，凭材料入库单登记收入账，凭材料出库单（领料单）登记发出账，做到日清月结。日常登记保管账过程中一般只计数量不计金额。保管员需要定期对原材料进行盘点，并与财务部门登记的原材料明细账核对。

　　环节四：填制材料出库单（领料单）。 6 月 13 日，仓库保管员张宇接到生产部陆明的领料需求，生产西装需要领用规格 150cm 的羊毛面料 1 200m。领料单由生产部职员陆明填制，并由仓储部经理赵赫、保管员张宇和生产部经理李宏达签字认可。填制的领料单如下。

证表 2-8

领 料 单

领用单位：**生产部**　　　　　　　　2018 年 6 月 13 日　　　　　　　　编号：20180613

材料名称	规格型号	计量单位	请领数量	实发数量	总成本	
					单位成本	金额
羊毛面料	**150cm**	**m**	**1 200**	**1 200**		
合计			**1 200**	**1 200**		
用途	**生产西装**	领料部门		发料部门		财务部门
		负责人	领料人	核准人	发料人	会计
		李宏达	**陆明**	**赵赫**	**张宇**	

相关链接——材料出库单

　　材料出库单亦称领料单，是领料部门领用材料时，由领料人员根据领用材料的数量填制的原始凭证。领料单一般一式三联，一联存根，仓储部门据此进行明细核算；一联由仓库连同发出的材料送给领料部门备查；一联送财会部门据此进行会计核算。

　　环节五：办理材料出库。 仓库保管员张宇接到生产部出库通知，严格依据领料单核对备货数量，将 1 200m 羊毛面料送至生产车间。

　　环节六：登记材料保管账。 保管员张宇根据领料单，及时登记材料保管账。登记的材料保管账如下。

证表 2-9

材料保管账

第 _1_ 页

编号	*101*
名称	*羊毛面料*
材质	*50% 羊绒*
规格	*150cm*

计量单位： _m_
计划单价： _____

2018 年		凭证号	摘要	进货实际单价	收入数量	发出数量	核对号	结存										
月	日							数量	金额									
									千	百	十	万	千	百	十	元	角	分
1	*1*		*上年结转*					*1000*										
	5	*(略)*	*入库*		*2 600*			*3 600*										
	8	*(略)*	*领用*			*1 200*		*2 400*										
	23	*(略)*	*领用*			*1 500*		*900*										
1	*31*		*本月合计*		*2 600*	*2 700*												
2	*10*	*(略)*	*领用*			*600*		*300*										
						(略)												
5	*31*		*本月合计*		*3 200*	*2 700*		*1 000*										
6	*9*	*(略)*	*入库*		*3 000*			*4 000*										
	12	*(略)*	*入库*		*1 000*			*5 000*										
	13	*(略)*	*领用*			*1 200*		*3 800*										

根据材料领料单的数量填写

环节七：对材料进行定期盘点。每天出入库材料以后，仓库保管员张宇都要进行盘点，以保证存货数量的准确性。所有材料，张宇每半年全部盘点一次。对于比较重要的存货，每个月盘点一次。张宇进行盘点的主要内容如下。

①查数量，核对账、卡、物是否一致，数量是否准确。

②查质量，检查库存物资的质量有无变化。

③查保管条件，检查有无影响物资保管质量的不良因素。

④查计量工具，检查计量工具是否会导致计量差错。

⑤查安全，检查仓库是否有安全隐患。

【岗位演练】

实训一：

华达有限公司是一家沙发生产企业。2018 年 7 月 12 日，生产部需要采购的一批材料到达企业，仓储部的材料保管员刘娜将材料验收入库，并填写材料入库单，交由仓储部经理郑艳红审核。所收到的发票列示的相关内容如下。

材料名称：高弹性海绵。

规格：20cm/m²。

数量：320m²。

单价：250 元 /m²。

金额：80 000 元。

税额：12 800 元。

要求：请你代保管员刘娜填制材料入库单，并据以登记材料保管账。

证表 2-10

材料入库单

年　月　日

名称	规格	单位	数量		实际成本					
			应收	实收	买价		运杂费	其他	合计	第二联会计记账联
					单价	金额				
合　计										

主管：　　　　　检验员：　　　　　保管员：　　　　　会计：

证表 2-11

材料保管账

第　**2**　页

编号	**2001**
名称	
材质	
规格	

计量单位：_____

计划单价：_____

2018年		凭证号	摘要	进货实际单价	收入数量	发出数量	核对号	结存										
月	日							数量	金额								
									千	百	十	万	千	百	十	元	角	分
5	8		承前页					860										
					(略)												
7	4	(略)	领用			480		310										

实训二：

2018 年 7 月 28 日，华达有限公司生产部职员张辉提出领料申请，生产沙发需要领用规格为 20cm 的高弹性海绵 260m^2，保管员刘娜填制领料单，并由仓储部经理郑艳红、生产部职员张辉和生产部经理郑恺签字认可。

要求：请你代保管员刘娜填制领料单，并据以登记材料保管账。

证表 2-12

领 料 单

领用单位：　　　　　　　　　　年　月　日

材料名称	规格型号	计量单位	请领数量	实发数量	总成本	
					单位成本	金额
合计						

用途		领料部门		发料部门		财务部门
		负责人	领料人	核准人	发料人	会计

证表 2-13

材料保管账

第　**2**　页

编号	**2001**
名称	
材质	
规格	

计量单位：＿＿＿＿＿

计划单价：＿＿＿＿＿

2018年		凭证号	摘要	进货实际单价	收入数量	发出数量	核对号	结存										
月	日							数量	金额								
									千	百	十	万	千	百	十	元	角	分
5	8		承前页					860										
					（略）												
7	4	（略）	领用			480		310										

实训三：

某公司仓库保管员小张为新毕业的中专生，负责仓库辅助材料的收发。刚刚走上工作岗位的他，对工作的热情非常高，勤于思考，做事主动。通过入职一个月的观察，他发现，这个公司的仓库管理有些地方与在校时学到的东西不太契合，比如：

①公司辅助材料的用量很少，因此在领取辅助材料时，没有要求使用领料单；

②各车间经常会出现辅助材料剩余，为方便使用，剩余的辅助材料由车间自行保管，仓库没有记载；

③辅助材料的保管账按时登记，由于库存的辅助材料较少，对辅助材料没有定期盘点的要求，只在保管员由空闲时，偶尔对辅助材料进行实地盘点。

小张左思右想，不知道他所发现的这几个问题是否存在疏漏。请你帮他想想看，该公司有关辅助材料的管理，是否有问题。

> **相关链接——仓储人员的职业素养要求**
>
> 　热爱仓库的工作，吃苦耐劳，具有敬业精神；
>
> 　忠于职守，廉洁自律，关心企业经营；
>
> 　掌握现代的仓储管理技术；
>
> 　具备精湛的业务能力；
>
> 　掌握一定的财务知识，具备一定的财务管理能力。

◆**实训小结**

（1）通过模拟材料保管员和材料核算员的职位，熟悉了材料收、发、存业务流程；

（2）掌握了材料保管员和材料核算员职位的基本单据的填写；

（3）了解了仓储人员的职业素养要求。

能力内容三　材料会计核算实务

◆**能力目标**

掌握原材料收、发及存的核算。

◆**岗位引领**

材料核算岗位主要核算企业的材料采购、入库和耗用等业务。这些业务在企业日常工作中发生频繁、处理过程烦琐，材料成本计算的准确性直接决定了产品成本的真实性，进而影响到企业利润的高低。因此，材料核算岗位属于企业财务部门较为重要的会计岗位，需要会计人员具备熟练的业务能力和高度的责任心。

本节实训目标岗位：存货会计。

一、材料核算岗位会计知识储备

在前面章节所训练的内容中已经基本介绍了有关供应部门和仓储部门的材料收发流程。但有关部门的材料收发业务最终都要交由财务部门进行会计核算。有关材料收发业务的一般流程如图 2-3 所示。

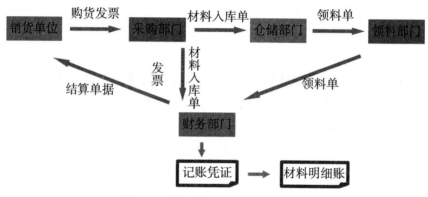

图 2-3　原材料收发业务核算流程图

（一）材料核算岗位涉及的原始凭证

1. 原材料收入的原始凭证

原材料收入是指将属于企业的原材料按规定手续验收入库的过程。企业收入的原材料主要有外购、自制、委托加工收回等不同来源。收货部门（仓库）对不同来源的存货办理验收入库时，应填制规定的原始凭证。原材料收入的原始凭证主要包括货款结算凭证和材料入库凭证。货款结算凭证主要包括由供应单位开具的发票、运输单位开具的运费发票、结算凭证等。材料入库凭证主要是材料入库单。

材料入库单亦称收料单，是制造业企业外购材料等入库验收时，由仓库验收人员填制的原始凭证。材料入库单一般一式三联，一联存根，仓储部门据此进行明细核算；一联送采购部门据此检查供货合同执行情况；一联送财会部门据此进行会计核算。材料入库单如下所示。

证表 2-14

材料入库单
年　月　日

名称	规格	单位	数量		实际成本					第二联 会计记账联
			应收	实收	买价		运杂费	其他	合计	
					单价	金额				
合　计										

主管：　　　　　检验员：　　　　　保管员：　　　　　会计：

2. 原材料发出的原始凭证

原材料发出是指企业进行生产或其他部门消耗而领用原材料的过程。发出原材料需要有关车间、部门办理领用手续，填制相关凭证，仓库要登记领用原材料的名称、规格、数量等，并由有关部门和人员签字盖章，以明确责任。原材料发出的原始凭证主要有领料单、限额领料单。

（1）领料单。领料单是由领用材料的部门或者人员（简称领料人）根据所需领用材料的数量填写的单据。领料单一般采用一次凭证进行登记。领料人凭借领料单到仓库中领取所需材料时，要由库存管理人员确认方可领取材料。其内容有领用日期、材料名称、单位、数量、金额等。为明确材料领用的责任，领料单除了要有领用人的签名外，还需要主管人员的签名，保管人的签名等。

领料单一般一式三联，一联存根，仓储部门据此进行明细核算；一联由仓库连同发出的材料送给领料部门备查；一联送财会部门据此进行会计核算。领料单如下所示。

证表 2-15

领　料　单
领用单位：　　　　　　　　　　　年　月　日　　　　　　　　　　编号：

材料名称	规格型号	计量单位	请领数量	实发数量	总成本	
					单位成本	金额
合　计						
用途		领料部门		发料部门		财务部门
		负责人	领料人	核准人	发料人	会计

（2）限额领料单。限额领料单是一种在规定的领用限额内多次使用的累计发料凭证，在有效期限内，只要领用不超过限额，就可以连续使用。它适用于经常被领用、并规定有领用限额的材料领发业务。限额领料单通常由生产部门会同供应部门，根据车间生产计划、材料消耗定额，还有有关资料计算各种材料计划用量，然后按照领用车间每一种材料用量编制限额领料单。

限额领料单一式三联，经计划部门和供应部门签章后，一联交送领料车间据此领料并备查，一联由仓库人员据此发料，一联月末编制"发料汇总表"并交送财务部门据此明细分类核算。限额领料单如下所示。

证表2-16

限 额 领 料 单

材料科目：　　　　　　　　　　　　　　　　　　　　材料类别：
领用单位：　　　　　　　　　　　　年　　月　　　　　编号：
用途：　　　　　　　　　　　　　　　　　　　　　　仓库：

材料编号	材料名称	规格	计量单位	领用限额	实际领用			备注
					数量	单位成本	金额	
日期	请领		实发			退回			限额结余
	数量	领料单位	数量	发料人签章	领料人签章	数量	领料人签章	退料人签章	
合计									

第二联　财务核算联

生产计划部门负责人：　　　　　　供应部门负责人：　　　　　　仓库负责人：

（二）材料核算岗位涉及的账簿及格式

材料核算岗位涉及的账簿有原材料明细账、在途物资明细账等。根据经济活动的特点及记载反映的需要，材料核算涉及的明细账一般采用数量金额式账页、横线登记式账页进行登记。原材料账簿一般采用数量金额式账页，原材料明细账如下所示。

证表 2-17

原材料明细账

编号	
名称	

计划价格： 计量单位：

年		凭证编号		摘要	收入（借方）									支出（贷方）									余额								
月	日	字	号		数量	单价	金额 十万千百十元角分							数量	单价	金额 十万千百十元角分							数量	单价	金额 十万千百十元角分						

在途物资账簿一般采用横线登记式账页，在途物资明细账如下所示。

证表 2-18

在途物资明细账

材料名称： 计量单位：

年		凭证号	摘要	借方				贷方				余额
月	日			数量	买价	采购费用	借方合计	入库日期	凭证号	摘要	实际成本	

（三）实际成本法下材料核算岗位涉及的账户

材料按实际成本计价是指对材料的收入、发出、结存等日常业务均按其实际成本进行核算。

在采用实际成本对材料进行核算时，企业应设置"原材料""在途物资""应交税费""银行存款""应付账款""其他货币资金""应付票据"等账户然后进行核算。

1. "在途物资"账户

（1）本账户核算时企业一般采用实际成本进行材料和商品等物资的日常核算及货款已付尚未验收入库的在途物资的采购成本核算。

（2）本账户可按供应单位和物资品种进行明细核算。

（3）企业采购材料、商品，按应计入材料、商品采购成本的金额，借记"在途物资"账户；所购材料、商品到达企业验收入库，按其归集金额，贷记"在途物资"账户。"在途物资"账户的期末余额，反映企业在途材料、商品等物资的采购成本。

2. "原材料"账户

（1）本账户核算企业库存的各种材料的实际成本。

（2）本账户可按材料种类及规格进行明细分类核算。

（3）企业取得材料并验收入库，按实际成本，借记"原材料"账户；企业发出材料，按材料实际成本，贷记"原材料"账户。"原材料"账户的期末余额，反映企业库存材料的实际成本。

（四）存货发出的计价方法

由于企业每次购入存货的实际成本可能不等，因而必须按照一定的方法确定发出存货的实际成本。存货按实际成本计价核算时，其发出存货计价方法主要有以下几种。

1. 先进先出法

先进先出法是假定先购入的存货最先发出。采用这种方法，企业每次购入存货时，应按时间的先后顺序逐笔登记其数量、单价和金额，每次发出存货时，要按照购入存货的单价计算发出存货的实际成本。具体案例如下。

永科机械有限公司 2018 年 6 月初结存钢板 60t，单位成本 3 200 元。本月 12 日第一批购进 20t，单位成本为 3 000 元。本月 16 日领用钢板 40t。23 日购进 20t，单位成本 3 090 元。28 日领用钢板 30t。采用先进先出法计算两次领用存货的实际成本如下。

16 日第一次领用存货实际成本 $=40 \times 3\,200 = 128\,000$（元）

28 日第二次领用存货实际成本 $=20 \times 3\,200 + 10 \times 3\,000 = 94\,000$（元）

本月发出钢板总成本 $=128\,000 + 94\,000 = 222\,000$（元）

月末结存钢板成本 $=60 \times 3\,200 + 20 \times 3\,000 + 20 \times 3\,090 - 222\,000 = 91\,800$（元）

或 $=10 \times 3\,000 + 20 \times 3\,090 = 91\,800$（元）

先进先出法与存货流程相符，期末存货成本较接近市价，能及时准确反映存货的资金占用情况。采用先进先出法将核算分散在日常进行，有利于均衡工作量。但是，先进先出法对于收发业务比较频繁的存货，其计算工作量较大，而且物价的大幅度变化会影响利润的准确性。当物价上涨时，会高估企业当期利润和库存存货价值，反之则会低估存货价值和当期利润。

2. 月末一次加权平均法

月末一次加权平均法是以库存材料的数量为权数，平均计算存货的单位成本，以此作为发出存货的计价标准，于期末一次性计算本期发出存货的实际成本。其计算公式如下。

$$加权平均单价 = \frac{期初存货结存金额 + 本期收入存货金额}{期初存货结存数量 + 本期收入存货数量}$$

本期发出存货的实际成本 = 本期发出存货数量 × 加权平均单价

上例中，采用加权平均法计算如下。

$$加权平均单价 = \frac{60 \times 3\,200 + 20 \times 3\,000 + 20 \times 3\,090}{60 + 20 + 20} = 3\,138(元)$$

本月发出钢板的实际成本 = （40+30）× 3 138=219 660（元）

月末结存钢板的实际成本 =60×3 200+20×3 000+20×3 090−219 660= 94 140（元）

月末一次加权平均法核算简单，计算的平均单位成本比较合理，存货成本分摊较适中。但由于加权平均单价集中在月末一次计算，发货凭证的计价、汇总与登记等工作也都必须因此而集中在月末进行，加重了月末核算的工作量，并且使工作人员平时只知道库存数量，无法随时了解存货资金的占用情况。

提示： 采用加权平均法计算加权平均单价不是整数时，在保留小数点定位时可四舍五入，为保持账面数字之间的平衡关系，可采用"倒挤法"计算发出存货的成本。即：

期末结存存货成本 = 期末结存数量 × 加权平均单价

本期发出存货成本 = 期初结存存货成本 + 本期收入存货成本 − 期末结存存货成本

例如：

某企业采用加权平均法计算发出材料成本。2018 年 7 月 1 日结存甲材料 200 件，单位成本 40 元；本月共购入甲材料 400 件，单位成本 35 元；当月共发出甲材料 500 件。

$$加权平均单价 = \frac{200 \times 40 + 400 \times 35}{200 + 400} = 36.67(元)$$

期末结存甲材料成本 = （200+400−500）× 36.67=3 667（元）

本期发出甲材料成本 $=200 \times 40+400 \times 35-3\,667=18\,333$（元）

3. 移动加权平均法

移动加权平均法以各批材料收入数量和上批结余材料数量为权数，计算材料平均单位成本。采用这种计价方法，每购进一批材料就需重新计算一次加权平均单价，据以作为领用材料的单位成本。其计算公式如下：

$$移动加权平均单价=\frac{本次收入前期结存存货金额+本期收入存货金额}{本次收入前期结存存货数量+本期收入存货数量}$$

本次发出存货的实际成本 = 本次发出存货数量 × 移动加权平均单价

如前例：永科机械有限公司 2018 年 6 月初结存钢板 60t，单位成本 3 200 元。本月 12 日第一批购进 20t，单位成本为 3 000 元。本月 16 日领用钢板 40t。23 日购进 20t，单位成本 3 090 元。28 日领用钢板 30t。采用移动加权平均法计算两次领用存货的实际成本如下。

$$12日第一批购进后加权平均单价=\frac{60 \times 3\,200+20 \times 3\,000}{60+20}=3\,150（元）$$

16 日第一次领用存货实际成本 $=40 \times 3\,150=126\,000$（元）

16 日第一次领用后存货结存实际成本 $=60 \times 3\,200+20 \times 3\,000-126\,000=126\,000$（元）

$$23日第二批购进后加权平均单价=\frac{126\,000+20 \times 3\,090}{60+20-40+20}=3\,130（元）$$

28 日第二次领用存货实际成本 $=30 \times 3\,130=93\,900$（元）

本月发出钢板总成本 $=126\,000+93\,900=219\,900$（元）

月末结存钢板成本 $=60 \times 3\,200+20 \times 3\,000+20 \times 3\,090-219\,900=93\,900$（元）

移动加权平均法计算出来的商品成本比较均衡和准确，能够使管理人员及时了解存货的结存情况，计算的平均单位成本及发出和结存的存货成本比较客观。但由于每次收货都要计算一次平均单价，计算起来工作量大，一般适用于经营品种不多或者前后购进商品的单价相差幅度较大的商品流通类企业。

4. 个别计价法

个别计价法以每批存货的实际单位成本作为该批存货发出的单价来计算发出存货的成本。

同样案例：永科机械有限公司 2018 年 6 月初结存钢板 60t，单位成本 3 200 元。本月 12 日第一批购进 20t，单位成本为 3 000 元。本月 16 日领用钢板 40t，为月初库存钢板。23 日购进 20t，单位成本 3 090 元。28 日领用钢板 30t，其中 20t 为本月第一批购进，其余为本月第二批购进。采用个别计价法计算两次领用存货的实际成本如下。

16 日第一次领用存货实际成本 =40×3 200=128 000（元）

28 日第二次领用存货实际成本 =20×3 000+10×3 090=90 900（元）

本月发出钢板总成本 =128 000+90 900=218 900（元）

月末结存钢板成本 =60×3 200+20×3 000+20×3 090−218 900=94 900（元）

个别计价法的成本计算准确，发出存货的成本和期末存货的成本比较合理、准确。但在存货收发频繁的情况下，其发出成本的工作量较大。其适用于容易识别、存货品种数量不多、单位成本较高的存货计价。

【知识强化】

长隆科技有限公司 7 月初库存甲材料 600kg，单价 20 元。7 月 6 日购入甲材料 1 000kg，单价 22 元。7 月 15 日，生产领用甲材料 1200kg。7 月 20 日，购入甲材料 400kg，单价 18 元。7 月 29 日，生产领用甲材料 500kg。

分别采用先进先出法、月末一次加权平均法、移动加权平均法计算发出存货成本和月末结存存货成本。

证表 2-19

先进先出法	
月末一次加权平均法	
移动加权平均法	

二、材料入库的核算实训

存货到达企业后，首先由仓库负责人或保管人员核对此货与所购存货是否一致，有无质量问题，如无问题后再检验数量，并填制收货凭证（材料入库单），同时核对结算凭证与购货合同无误后，企业可向供货单位支付货款或开出商业汇票。以上工作完成后财务人员应根据银行结算凭证、发票、货物运输发票、材料入库单等凭证及时进行账务处理。

外购材料的成本即材料的采购成本，指企业材料物资从采购到入库前所发生的全部支出，包括购买价款、相关税费、运输费、装卸费、保险费以及其他可归属于采购成本的费用。外购材料实际成本计算方式如下。

外购材料实际成本 = 买价 + 相关税费 + 采购费用

（1）买价是指供货方开具的发票上列明的价款（不含增值税）。

（2）相关税费主要包括小规模纳税人的增值税、消费税、进口关税等。

（3）采购费用包括运输费、装卸费、保险费，还有采购过程中发生的仓储费、包装费、运输途中的合理损耗、入库前的挑选整理费用等。

（一）材料与发票账单同时到达

【情景展示】

晨曦服装有限公司为增值税一般纳税人，主要从事男士西装生产和加工，原材料主要包括羊毛面料、法兰绒面料、黏合里衬、纽扣等。原材料中羊毛面料和法兰绒面料的发出采用先进先出法计价，黏合里衬、纽扣、缝线的发出采用月末一次加权平均法计价。

公司地址：沈阳市大东区远景路 390 号

法定代表人：刘晨曦

纳税人识别号：210112656889158

开户银行：建设银行通力支行

银行账号：5215852182000550

联系电话：024-25669666

公司设有四人组成的财务部，财务部经理（会计主管）：张毅，负责财务部全面工作，并承担审核凭证、登记总账等工作；记账会计：冯琳，负责登记明细账；制单会计：刘蓉，负责编制记账凭证；出纳：张宇凡，负责库存现金、银行存款的收付业务及日记账的登记工作。

2018 年 6 月 6 日，采购员张翔天出具订货单给新海纺织品有限公司，进行订货。6 月 9 日，从新海纺织品有限公司采购的羊毛面料入库，由张宇填制材料入库单，并交由仓储部经理赵赫审核，审核完毕后，将材料入库单连同收到的购货增值税专用发票送至公司财务部审核。材料入库单和增值税专用发票如下。

证表 2-20

材料入库单

2018 年 6 月 9 日

名称	规格	单位	数量		实际成本				第二联 会计记账联
			应收	实收	买价		运杂费	其他	合计
					单价	金额			
羊毛面料	150m	m	300	300	40.00	120 000.00			120 000.00
合计						120 000.00			120 000.00

主管：　赵赫　　　检验员：　张翔天　　　保管员：　张宇　会计：　刘蓉

证表 2-21

辽宁增值税专用发票 抵扣联						No 0293618 开票日期：2018 年 6 月 9 日			第二联：抵扣联　购货方扣税凭证
购货方	名　　称：	晨曦服装有限公司				密码区			
	纳税人识别号：	21011265889158							
	地址、电话：	沈阳市大东区选景路390号 024-25669666							
	开户行及账号：	建设银行通力支行 52158218200550							
货物或应税劳务名称	规格型号	单位	数量	单价		金额	税率	税额	
羊毛面料	150cm	m	3 000	40.00		120 000	13%	15 600.00	
合　　计						￥120 000.00		￥15 600.00	
价税合计（大写）	⊗壹拾叁万伍仟陆佰圆整					(小写) ￥135 600.00			
销货方	名　　称：	新海纺织品有限公司				备注			
	纳税人识别号：	21011025689 8777							
	地址、电话：	沈阳市浑南新区科技路39号 024-36856955							
	开户行及账号：	工商银行城南支行 32654800110-96							
收款人：		复核：刘洋		开票人：郭和峰		销货单位：（章）			

证表2-22

辽宁增值税专用发票　　　　No 0293618

发票联

开票日期： 2018 年 6 月 9 日

购货方	名　　　称：	晨曦服装有限公司				密码区			第三联：发票联　购货方记账凭证
	纳税人识别号：	21011265889158							
	地址、电话：	沈阳市大东区远景路390号 024-2566966							
	开户行及账号：	建设银行通力支行 5215852182000550							
货物或应税劳务名称	规格型号	单位	数量	单价	金额	税率	税额	
羊毛面料	150cm	m	3 000	40.00	120 000.00	13%	15 600.00	
合　　　计					￥120 000.00		￥15 600.00	
价税合计（大写）	⊗壹拾叁万伍仟陆佰圆整				（小写）￥135 600.00			
销货方	名　　　称：	新海纺织品有限公司				备注			
	纳税人识别号：	21010256898777							
	地址、电话：	沈阳市浑南新区科技路39号 024-36856955							
	开户行及账号：	工商银行城南支行 32654800110-96							

收款人：　　　　　复核： 刘洋　　　　开票人： 郑和峰　　　　销货单位：（章）

【岗位分析】

　　财务部会计刘蓉取得相关原始凭证，要做如下分析。

　　羊毛面料验收入库，仓储部填制材料入库单并审核，单据填写齐全，审核流程无误，会计刘蓉在入库单签字，并根据材料入库单列明的实际成本，借记"原材料"账户。

　　取得材料供应商新海纺织品有限公司出具的增值税专用发票，根据增值税专用发票抵扣联注明的增值税税额，借记"应交税费——应交增值税（进项税额）"账户。

　　购销合同列明货物验收后三日内付清款项，出纳张宇凡尚未办理付款手续，货款暂欠，根据价税合计金额，贷记"应付账款"账户。

相关链接——增值税专用发票

　　增值税专用发票只限于增值税一般纳税人领购使用，既作为纳税人反映经济活动中的重要会计凭证，又是兼记销货方纳税义务和购货方进项税额的合法证明。增值税专用发票的基本联次为三联：第一联是记账联，销货方记账凭证；第二联是抵扣联，购货方扣税凭证；第三联是发票联，购货方记账凭证。

【背景知识】

　　材料与账单同时到达企业时，财务部门应根据验收入库情况，借记"原材料"账户；根据支付货款情况，贷记"银行存款""应付账款""应付票据""其他货币资金"账户。

【任务实施】

步骤一：审核原始凭证，确定会计科目。

根据原始凭证材料入库单、增值税专用发票，会计分录如下。

借：原材料——羊毛面料　　　　　　　　　　120 000

　　应交税费——应交增值税（进项税额）　　15 600

　　　贷：应付账款——新海纺织品有限公司　　　　　　135 600

步骤二：编制记账凭证（为本月第 5 号凭证）。

证表 2-23

通用记账凭证

2018 年 6 月 9 日　　　　　　　　　　　　　　　　　　记字第 5 号

摘要	会计科目		借方金额										贷方金额										记账符号
	总账科目	明细科目	千	百	十	万	千	百	十	元	角	分	千	百	十	万	千	百	十	元	角	分	
购买羊毛面料	原材料	羊毛面料			1	2	0	0	0	0	0	0											
	应交税费	应交增值税（进项税额）				1	5	6	0	0	0	0											
	应付账款	新海纺织品有限公司												1	3	5	6	0	0	0	0		
附单据 贰 张	合计：		￥	1	3	5	6	0	0	0	0		￥	1	3	5	6	0	0	0	0		

会计主管人员 张毅　　记账　　　稽核 张毅　　制单 刘蓉　　出纳　　　　交领款人

> 附单据包括材料入库单、增值税专用发票(发票联)

步骤三：记账会计冯琳根据材料入库单和记账凭证登记原材料明细账（应交税费、应付账款明细账略）。已知"原材料——羊毛面料"明细账 6 月 1 日期初库存 1 000m，单价 38 元，金额 38 000 元。

证表2-24

原材料明细账

编号	
名称	羊毛面料

计划价格： 　　　计量单位： m

2018年 月	日	凭证编号 字	号	摘要	收入（借方）数量	单价	金额 十 万 千 百 十 元 角 分	支出（贷方）数量	单价	金额 十 万 千 百 十 元 角 分	余额 数量	单价	金额 十 万 千 百 十 元 角 分
6	1			期初金额							1000	38	3 8 0 0 0 0 0
	9	记	5	购入材料	3000	40	1 2 0 0 0 0 0				1000	38	3 8 0 0 0 0 0
											3000	40	1 2 0 0 0 0 0

证表2-25

通用记账凭证

2018年6月9日　　　　　　　　　　　　　　　　　记字第5号

摘要	会计科目 总账科目	明细科目	借方金额 千 百 十 万 千 百 十 元 角 分	贷方金额 千 百 十 万 千 百 十 元 角 分	记账符号
购买羊毛面料	原材料	羊毛面料	1 2 0 0 0 0 0		√
	应交税费	应交增值税（进项税额）	1 5 6 0 0 0		
	应付账款	新海纺织品有限公司		1 3 5 6 0 0 0	
附单据 贰 张　　　合　　　计：			￥1 3 5 6 0 0 0	￥1 3 5 6 0 0 0	

会计主管人员 张毅　　记账　　　　稽核 张毅　　制单 刘蓉　　出纳　　　交领款人

登账后记账人员签字

登账后标注记账符号

【岗位演练】

实训一：

2018年6月12日，采购员张翔天请款并经采购部经理签字，财务部经理张毅审核后，由出纳张宇凡签发转账支票支付前欠供应商新海纺织品有限公司的价税款135 600元。

实训要求：

（1）请根据相关资料，帮助出纳张宇凡填写转账支票；

（2）请帮助会计刘蓉编制记账凭证（为本月第 14 号凭证）。

证表 2-26

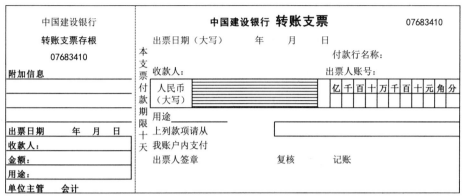

证表 2-27

通 用 记 账 凭 证

年　　月　　日　　　　　　　　　　　　　　　　字第　　号

摘要	会计科目		借方金额									贷方金额									记账符号
	总账科目	明细科目	千	百	十	万	千	百	十	元	角	分	千	百	十	万	千	百	十	元	角	分	

附单据　　张　　合　　　计：

会计主管人员　　　　记账　　　　稽核　　　　制单　　　　出纳　　　　交领款人

实训二：

2018 年 6 月 12 日，企业从三绒羊毛布料公司采购规格型号为 150cm 的羊毛面料 1 000m，采购单价 50 元，买价 50 000 元。已经取得供应商开具的增值税专用发票（抵扣联略）。按照购销合同规定，出纳张宇凡采用电汇方式支付款项。其中涉及人员分别为保管员张宇，检验员张翔天，仓库主管赵赫。

证表 2-28

实训要求：

（1）请帮助保管员张宇填写材料入库单；

（2）请帮助出纳员张宇凡填写电汇凭证；

（3）请帮助会计刘蓉编制记账凭证（为本月第 15 号凭证）；

（4）请帮助会计冯琳登记材料明细账。

证表 2-29

材料入库单

年 月 日

名称	规格	单位	数量		实际成本				
			应收	实收	买价		运杂费	其他	合计
					单价	金额			
合计									

主管： 检验员： 保管员： 会计：

证表 2-30

证表 2-31

通 用 记 账 凭 证

年　月　日　　　　　　　　　　　字第　号

摘要	会计科目		借方金额										贷方金额										记账符号
	总账科目	明细科目	千	百	十	万	千	百	十	元	角	分	千	百	十	万	千	百	十	元	角	分	
附单据　张　　　合　　计:																							

会计主管人员　　记账　　　稽核　　　制单　　　出纳　　　交领款人

证表 2-32

原材料明细账

编号	
名称	羊毛面料

计划价格：　　　　　　计量单位：m

2018年 月	日	凭证 字	号	摘要	收入（借方） 数量	单价	金额	支出（贷方） 数量	单价	金额	余额 数量	单价	金额
6	1			期初金额							1000	38	3 8 0 0 0 0 0
	9	记	5	购入材料	3000	40	1 2 0 0 0 0 0 0				1000	38	3 8 0 0 0 0 0
											3000	40	1 2 0 0 0 0 0 0

实训三：

2018 年 6 月 14 日，企业从天津卡布服装辅料有限公司采购规格 200cm 的黏合里衬 4 000m，采购单价 5 元，买价 20 000 元。已经取得供应商开具的增值税专用发票（抵扣联略）。按照购销合同规定，出纳张宇凡签发银行承兑汇票支付款项，期限 4 个月。其中涉及人员有保管员张宇，检验员刘鹏，仓库主管赵赫。已知"原材料——黏合里衬"明细账 6 月 1 日期初库存 1 000m，单价 5.2 元，金额 5 200 元。

证表 2-33

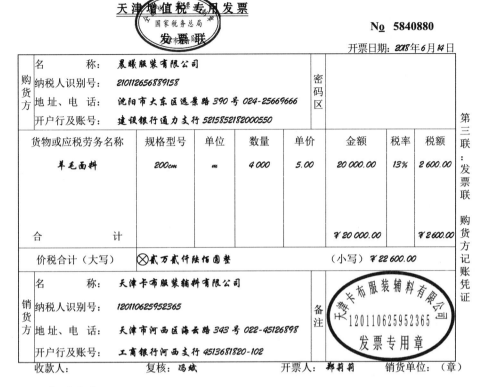

天津增值税专用发票

发票联

国家税务总局

No 5840880

开票日期：2018年6月14日

购货方	名　　称：晨曦服装有限公司 纳税人识别号：210112656889158 地址、电话：沈阳市大东区远景路390号 024-25669666 开户行及账号：建设银行通力支行521585218200550					密码区		
货物或应税劳务名称	规格型号	单位	数量	单价	金额	税率	税额
羊毛面料	200cm	m	4 000	5.00	20 000.00	13%	2 600.00
合　　　计					￥20 000.00		￥2 600.00

价税合计（大写）　⊗贰万贰仟陆佰圆整　　　　（小写）￥22 600.00

销货方	名　　称：天津卡布服装辅料有限公司 纳税人识别号：120110625952365 地址、电话：天津市河西区海云路343号 022-45126898 开户行及账号：工商银行河西支行4513681820-102	备注

收款人：　　　　复核：冯斌　　　　开票人：郭莉莉　　　　销货单位：（章）

第三联：发票联　购货方记账凭证

实训要求：

（1）请帮助保管员张宇填写材料入库单；

（2）请帮助出纳员张宇凡填写银行承兑汇票；

（3）请帮助会计刘蓉编制记账凭证（为本月第19号凭证）。

证表 2-34

材料入库单

年　月　日

名称	规格	单位	数量		实际成本				
			应收	实收	买价		运杂费	其他	合计
					单价	金额			
合　计									

主管：　　　　检验员：　　　　保管员：　　　　会计：

第二联　会计记账联

证表 2-35

银行承兑汇票（存 根）   3

出票日期　　　年　月　日   汇票号码 050217
（大写）

付款人	全　称		收款人	全　称												此联出票人存查
	账　号			账　号												
	开户银行			开户银行												
出票金额	人民币 （大写）			亿	千	百	十	万	千	百	十	元	角	分		
汇票到期日 （大写）			付款人 开户行	行　号												
承兑协议编号				地　址												
			备注:													

证表 2-36

通 用 记 账 凭 证

年　月　日   字第　号

摘　要	会计科目		借方金额									贷方金额									记账符号
	总账科目	明细科目	千	百	十	万	千	百	十	元	角	分	千	百	十	万	千	百	十	元	角	分	
附单据　张　合　计:																						

会计主管人员　　　记账　　　稽核　　　　制单　　　　出纳　　　交领款人

会计冯琳登记材料明细账如下。

证表 2-37

原材料明细账

	编号	
	名称	黏合里衬

计划价格：　　　　　　　　　　计量单位：m

2018年		凭证编号		摘要	收入（借方）			支出（贷方）			余额		
月	日	字	号		数量	单价	金额 十万千百十元角分	数量	单价	金额 十万千百十元角分	数量	单价	金额 十万千百十元角分
6	1			期初余额							1000	5.20	5 2 0 0 0 0
	14	记	19	购入材料	4000	5	2 0 0 0 0 0 0				5000		

相关链接——先进先出法与月末加权平均法登记明细账的区别

先进先出法根据先入库先发出的原则，其具体做法是先按存货期初结存的单价计算发出的存货成本，领发完毕后，再按第一批入库存货的单价计算，依此从前向后类推，计算发出存货和结存存货的成本。因此，如果期末余额为不同单价的材料，应分行单独列示。发出材料的列示同理。

月末一次加权平均法一般要等该材料本期入库数量和金额确定后，再根据期初数量、金额和本期入库的数量、金额计算出材料当月的发出单价，因此在不确定当月材料是否还有入库的情况下只能登记材料的发出数量和结存数量，不登记金额。

实训四：

2018 年 6 月 16 日，会计刘蓉取得原始凭证如下。

证表 2-38

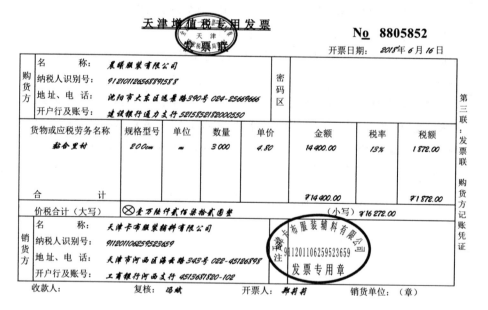

证表 2-39

证表 2-40

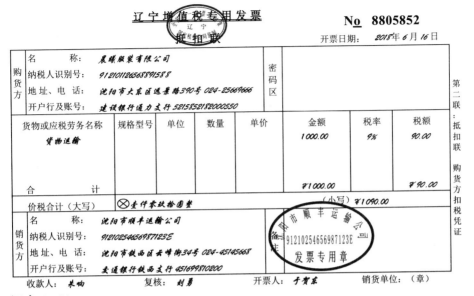

证表 2-41

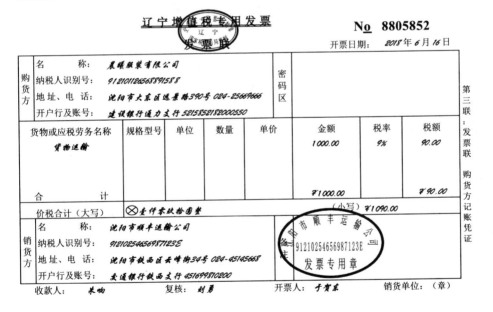

证表 2-42

材料入库单

2018 年 6 月 16 日

名称	规格	单位	数量		实际成本				第二联会计记账联
			应收	实收	买价		运杂费	其他	合计
					单价	金额			
黏合里衬	200cm	m	3 000	3 000	4.80	14 400.00	1 000.00		15 400.00
合 计						14 400.00	1 000.00		15 400.00

主管： 赵赫　　　检验员： 刘鹏　　　保管员： 张宇　会计： 刘蓉

证表 2-43

```
        中国建设银行
       转账支票存根
        07683415

附加信息

出票日期 2018 年 6 月 16 日
收款人：沈阳市顺丰运输公司
金额：￥1090.00
用途：运费
单位主管 张毅 会计 刘蓉
```

实训要求：

（1）请根据相关资料，帮助会计刘蓉编制记账凭证（为本月第 22 号凭证）；

（2）请帮助会计冯琳登记材料明细账。

证表 2-44

通 用 记 账 凭 证

年　月　日　　　　　　　　　　　　　　　字第　　号

摘要	会计科目		借方金额										贷方金额										记账符号
	总账科目	明细科目	千	百	十	万	千	百	十	元	角	分	千	百	十	万	千	百	十	元	角	分	
附单据　　张	合　　　计：																						

会计主管人员　　　记账　　　稽核　　　制单　　　出纳　　　交领款人

证表 2-45

原材料明细账

编号	
名称	黏合里衬

计划价格：　　　　　　　　　计量单位：m

2018年		凭证编号		摘要	收入（借方）			支出（贷方）			余额		
月	日	字	号		数量	单价	金额 十万千百十元角分	数量	单价	金额 十万千百十元角分	数量	单价	金额 十万千百十元角分
6	1			期初余额							1000	5.20	5 2 0 0 0 0
	14	记	19	购入材料	4000	5	2 0 0 0 0 0 0				5000		

实训五：

2018 年 6 月 18 日，会计刘蓉取得如下原始凭证。

证表 2-46

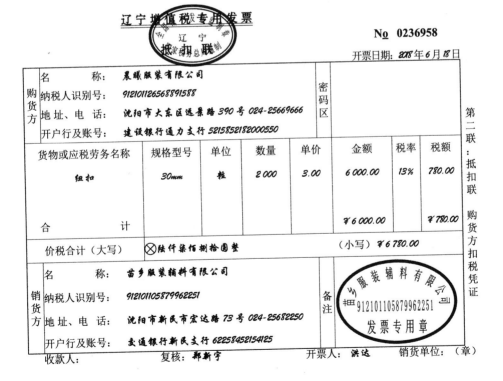

辽宁增值税专用发票　　　　No 0236958

开票日期：2018 年 6 月 18 日

购货方	名　　称：	晨曦服装有限公司				
	纳税人识别号：	912101126568891588				
	地址、电话：	沈阳市大东区远景路 390 号 024-25669666				
	开户行及账号：	建设银行通力支行 5215852182000550				

货物或应税劳务名称	规格型号	单位	数量	单价	金额	税率	税额
纽扣	30mm	粒	2 000	3.00	6 000.00	13%	780.00
合　　　计					￥6 000.00		￥780.00

价税合计（大写）　⊗陆仟柒佰捌拾圆整　　　　　　（小写）￥6 780.00

销货方	名　　称：	苗乡服装辅料有限公司	备注
	纳税人识别号：	912101105879962251	
	地址、电话：	沈阳市新民市宏达路 73 号 024-25682250	
	开户行及账号：	交通银行新民支行 6225845215412 5	

收款人：　　　　复核：郭新宇　　　　开票人：洪达　　　　销货单位：（章）

证表 2-47

材料入库单

2018 年 6 月 18 日

<table>
<tr><td rowspan="3">名称</td><td rowspan="3">规格</td><td rowspan="3">单位</td><td colspan="2">数量</td><td colspan="5">实际成本</td><td rowspan="10">第二联 会计记账联</td></tr>
<tr><td rowspan="2">应收</td><td rowspan="2">实收</td><td colspan="2">买价</td><td rowspan="2">运杂费</td><td rowspan="2">其他</td><td rowspan="2">合计</td></tr>
<tr><td>单价</td><td>金额</td></tr>
<tr><td>纽扣</td><td>30mm</td><td>粒</td><td>2 000</td><td>1 995</td><td>3.00</td><td>6 000.00</td><td></td><td></td><td>6 000.00</td></tr>
<tr><td></td><td></td><td></td><td></td><td></td><td></td><td></td><td></td><td></td><td></td></tr>
<tr><td colspan="3">合 计</td><td></td><td></td><td></td><td></td><td></td><td></td><td></td></tr>
</table>

主管：赵赫　　　　　检验员：刘鹏　　　　　保管员：张宁　会计：刘蓉

证表 2-48

实训要求：

请根据相关资料，帮助会计刘蓉编制记账凭证（为本月第 26 号凭证）。

证表 2-49

通用记账凭证

年　月　日　　　　　　　　　　　　　　字第　　号

摘要	会计科目		借方金额	贷方金额	记账符号
	总账科目	明细科目	千百十万千百十元角分	千百十万千百十元角分	
附单据　　张　　合　　计：					

会计主管人员　　　记账　　　稽核　　　制单　　　出纳　　　交领款人

实训六：

2018 年 6 月 25 日，企业采购员刘鹏从苗乡服装辅料有限公司采购规格型号为 18mm 的纽扣 4 000 粒，采购单价 1.5 元，金额 6 000 元；同时采购规格 40S/2 的缝线 1 000 个，采购单价 4 元，金额 4 000 元。已经取得供应商开具的增值税专用发票（抵扣联略）。另向沈阳顺丰运输公司支付运输费用 440 元，已取得运输公司开具的增值税专用发票（抵扣联略）。按照购销合同规定，出纳张宇凡签发两张转账支票支付货款和运费。其中涉及人员有保管员张宇，检验员刘鹏，仓库主管赵赫。

证表 2-50

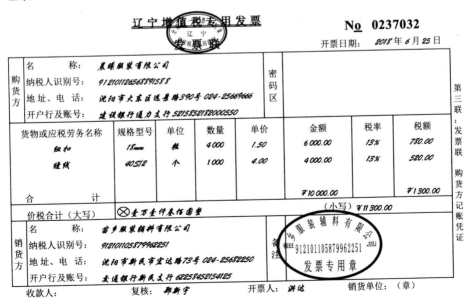

证表 2-51

辽宁增值税专用发票

No 8805895

开票日期: 2018 年 6 月 25 日

购货方	名　　　称:	晨晓服装有限公司				密码区			
	纳税人识别号:	91210112656889158 8							
	地址、电话:	沈阳市大东区远景路390号 024-25669666							
	开户行及账号:	建设银行通力支行 5215852 18200550							

货物或应税劳务名称	规格型号	单位	数量	单价	金额	税率	税额
货物运输					400.00	9%	36.00
合　　　计					￥400.00		￥36.00

价税合计（大写）　⊗肆佰叁拾陆圆整　　　　　　　　　（小写）￥436.00

销货方	名　　　称:	沈阳市顺丰运输公司	备注
	纳税人识别号:	91210254656987123E	
	地址、电话:	沈阳市铁西区太峰街34号 024-45145668	
	开户行及账号:	交通银行铁西支行 45169981020 0	

收款人: 袁芳　　　复核: 刘易　　　开票人: 于贺东　　　销货单位:（章）

第三联: 发票联 购货方记账凭证

实训要求:

（1）请帮助保管员张宇填写材料入库单（运费按材料买价分配计入材料成本）；

（2）请帮助出纳员张宇凡填写转账支票；

（3）请帮助会计刘蓉编制记账凭证（为本月第 32 号凭证）。

相关链接——采购费用的分摊

除材料的买价应当直接计入各种材料的实际成本，其余各项支出，凡能分清的，可以直接计入各种材料的实际成本；不能分清的，应按材料的重量或买价等比例，合理分摊计入各种材料的实际成本。

证表 2-52

材料入库单

年　月　日

名称	规格	单位	数量		实际成本					第二联 会计记账联
			应收	实收	买价		运杂费	其他	合计	
					单价	金额				
合　计										

主管：　　　　　　检验员：　　　　　　保管员：　　　会计：

证表 2-53

中国建设银行
转账支票存根
07683410
附加信息
_____
_____
出票日期　　年　月　日
收款人：
金额：
用途：
单位主管　　会计

本支票付款期限十天

中国建设银行 转账支票　　　　　07683410
出票日期（大写）　　年　　月　　日
付款行名称：
收款人：
出票人账号：
人民币（大写）　　　　　亿 千 百 十 万 千 百 十 元 角 分
用途_____
上列款项请从
我账户内支付
出票人签章　　　　复核　　　记账

证表 2-54

中国建设银行
转账支票存根
07683410
附加信息
_____
_____
出票日期　　年　月　日
收款人：
金额：
用途：
单位主管　　会计

本支票付款期限十天

中国建设银行 转账支票　　　　　07683410
出票日期（大写）　　年　　月　　日
付款行名称：
收款人：
出票人账号：
人民币（大写）　　　　　亿 千 百 十 万 千 百 十 元 角 分
用途_____
上列款项请从
我账户内支付
出票人签章　　　　复核　　　记账

证表 2-55

通 用 记 账 凭 证

年 月 日 字第 号

摘要	会计科目		借方金额	贷方金额	记账
	总账科目	明细科目	千百十万千百十元角分	千百十万千百十元角分	符号
附单据　张　　　合　　　计:					

会计主管人员　　　　记账　　　稽核　　　　制单　　　　出纳　　　交领款人

【模拟实操】

华达有限公司是一家沙发生产企业，为增值税一般纳税人，生产纯棉沙发和绒布沙发两种产品。生产所用的主要材料有木材、高弹性海绵、纯棉面料、绒布面料、轻钉等。木材、高弹性海绵、轻钉的发出，采用月末一次加权平均法计价；纯棉面料、绒布面料的发出，采用先进先出法计价。

统一社会信用代码：913102265879280015

法定代表人：李达

开户银行：建设银行云桥支行

账号：155010008815-1011

地址：上海市浦东新区 342 号

电话：021-48547841

公司财务部经理刘涛，负责财务科全面工作；会计郑源负责审核凭证并登记总账；会计张浩负责编制记账凭证；会计张彬负责登记明细账；出纳吴亮。除此之外，还有采购员张旭，检验员李彤，材料保管员刘娜，仓储部经理郑艳红。

实操一：

2018 年 7 月 12 日，从方欣公司采购的原材料到达企业，材料保管员刘娜将材料验收入库，并填写材料入库单。材料入库单填写前已述及。所收到的发票列示的相关内容如下。

材料名称：高弹性海绵。

规格：$20cm/m^2$。

数量：$320m^2$。

单价：250 元 $/m^2$。

金额：80 000 元。

税额：13 600 元。

出纳吴亮根据合同要求，签发转账支票支付货款。

要求：（1）签发转账支票；

（2）编制记账凭证（为本月第 16 号凭证）；

（3）登记材料明细账（明细账见实操二）。

证表 2-56

中国建设银行 转账支票存根 07683410	中国建设银行 **转账支票** 07683410
附加信息	出票日期（大写）　　年　　月　　日　　付款行名称：
	收款人：　　　　　　　　　　　出票人账号：
	人民币（大写）　　　　　　亿千百十万千百十元角分
出票日期　　年　月　日	用途
收款人：	上列款项请从
金额：	我账户内支付
用途：	出票人签章　　　　　　复核　　　记账
单位主管　　会计	

证表 2-57

通 用 记 账 凭 证

年　　月　　日　　　　　　　　　　　　　　　字第　　号

摘要	会计科目		借方金额	贷方金额	记账符号
	总账科目	明细科目	千百十万千百十元角分	千百十万千百十元角分	
附单据　　张　　　合　　　计：					

会计主管人员　　　　记账　　　　稽核　　　　制单　　　　出纳　　　交领款人

实操二：

2018 年 7 月 15 日，从方欣公司采购的高弹性海绵 200m²，规格型号为 20cm/m²，单价 240 元 /m²，取得增值税专用发票注明价款 48 000 元，增值税税率 16%，增值税额 7 680 元。另签发转账支票支付运费并取得运费增值税专用发票，注明运费金额 200 元，增值税税率 10%，增值税额 20 元。原材料到达企业并验收入库。根据合同规定，货款待货物验收后 15 日内付款。

证表 2-58

上海增值税专用发票

发票联

No 5325687

开票日期： 2018 年 7 月 15 日

购货方	名　　　　称：华达有限公司					密码区			第三联：发票联　购货方记账凭证
	纳税人识别号：91310226587928001S								
	地址、电话：上海市浦东新区342号 021-4854784I								
	开户行及账号：建设银行云桥支行 15501000881S-1011								

货物或应税劳务名称	规格型号	单位	数量	单价	金额	税率	税额
高弹性海绵	20cm/㎡	㎡	200	240.00	48 000.00	13%	6 240.00
合　　　计					￥48 000.00		￥6 240.00

价税合计（大写）	⊗伍万肆仟贰佰肆拾圆整	（小写）￥54 240.00

销货方	名　　　　称：方欣公司		备注	方欣公司 91310226151254S507 发票专用章
	纳税人识别号：91310226151254S507			
	地址、电话：上海市徐汇区兴达路34号 021-6581S084			
	开户行及账号：建设银行浦发支行 12504948041O			

收款人：　　　　复核：彭宇航　　　　开票人：蔡丽　　　　销货单位：（章）

证表 2-59

上海增值税专用发票

发票联

No 2589005

开票日期： 2018 年 7 月 15 日

购货方	名　　　　称：华达有限公司					密码区			第三联：发票联　购货方记账凭证
	纳税人识别号：91310226587928001S								
	地址、电话：上海市浦东新区342号 021-4854784I								
	开户行及账号：建设银行云桥支行 15501000881S-1011								

货物或应税劳务名称	规格型号	单位	数量	单价	金额	税率	税额
货物运输					200.00	9%	18.00
合　　　计					￥200.00		￥18.00

价税合计（大写）	⊗贰佰壹拾捌圆整	（小写）￥218.00

销货方	名　　　　称：泰达货物运输公司		备注	泰达货物运输公司 91310254652369871M 发票专用章
	纳税人识别号：91310254652369871M			
	地址、电话：上海市浦东新区兴达路433号 021-5841S200			
	开户行及账号：交通银行城西支行 4516998I0200			

收款人：何玉　　　　复核：和海　　　　开票人：李金祥　　　　销货单位：（章）

要求：（1）填写材料入库单；

（2）填写转账支票；

（3）编制记账凭证（为本月第 20 号凭证）；

（4）登记原材料明细账。

证表 2-60

材料入库单

年　月　日

名称	规格	单位	数量		实际成本					第二联会计记账联
			应收	实收	买价		运杂费	其他	合计	
					单价	金额				
合　计										

主管：　　　　　检验员：　　　　　　保管员：　　　　会计：

证表 2-61

中国建设银行 **转账支票存根** 07683410 附加信息 出票日期　年 月 日 收款人： 金额： 用途： 单位主管　会计	本支票付款期限十天	中国建设银行 **转账支票**　　　07683410 出票日期（大写）　年　月　日 　　　　　　　付款行名称： 收款人：　　　　　　出票人账号： 人民币（大写）　　　　亿千百十万千百十元角分 用途＿＿ 上列款项请从 我账户内支付 出票人签章　　　复核　　记账

证表 2-62

通 用 记 账 凭 证

年　月　日　　　　　　　　字第　号

摘要	会计科目		借方金额									贷方金额									记账符号
	总账科目	明细科目	千	百	十	万	千	百	十	元	角	分	千	百	十	万	千	百	十	元	角	分	
附单据　张　合　计：																						

会计主管人员　　　记账　　　稽核　　　制单　　　出纳　　　交领款人

55

证表 2-63

原材料明细账

	编号	
	名称	高弹性海绵

计划价格： 计量单位： ㎡

2018年		凭证编号		摘要	收入（借方）			支出（贷方）			余额		
月	日	字	号		数量	单价	金额 十万千百十元角分	数量	单价	金额 十万千百十元角分	数量	单价	金额 十万千百十元角分
7	1			期初余额							450	200.00	9 1 7 0 0 0 0
	4	记	8	购入材料	280	240	6 7 2 0 0 0				730		
	8	记	15	领用材料				420			310		

实操三：

2018 年 7 月 16 日，企业从新雅布艺有限公司采购纯棉面料，规格 200cm，数量 500m，单位成本 80 元，金额 40 000 元，增值税额 5 200 元，取得销货单位开具的增值税专用发票，材料已到达企业并验收入库。按照购销合同规定，企业签发银行承兑汇票支付货款。

证表 2-64

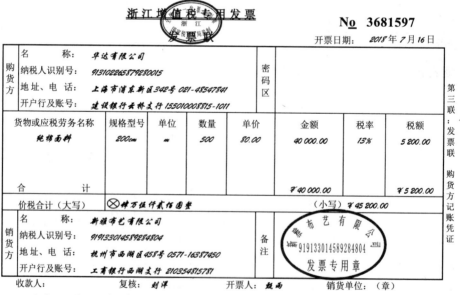

要求：（1）填写材料入库单；

（2）填写银行承兑汇票；

（3）编制记账凭证（为本月第 26 号凭证）；

（4）登记原材料明细账（明细账见实操五）。

证表2-65

材料入库单

年　月　日

名称	规格	单位	数量		实际成本					第二联会计记账联
			应收	实收	买价		运杂费	其他	合计	
					单价	金额				
合　计										

主管：　　　　　检验员：　　　　　保管员：　　　　会计：

证表2-66

银行承兑汇票（存　根）　　3

出票日期　　　　年　　月　　日　　　　　　汇票号码 320258
（大写）

付款人	全　　称		收款人	全　称											此联出票人存查
	账　　号			账　号											
	开户银行			开户银行											
出票金额	人民币 （大写）			亿	千	百	十	万	千	百	十	元	角	分	
汇票到期日 （大写）			付款人 开户行	行号											
承兑协议编号				地址											
			备注：												

证表2-67

通用记账凭证

年　月　日　　　　　　　字第　　号

摘要	会计科目		借方金额										贷方金额										记账符号
	总账科目	明细科目	千	百	十	万	千	百	十	元	角	分	千	百	十	万	千	百	十	元	角	分	
附单据　　张　合　　计：																							

会计主管人员　　　　记账　　　稽核　　　　　制单　　　　出纳　　　交领款人

实操四：

2018年7月18日，企业从新雅布艺有限公司采购绒布面料，规格为200cm，数量200m，单位成本260元，金额52 000元，增值税额8 320元，取得销货单位开具的增值税专用发票，材料已到达企业并验收入库。按照购销合同规定，签订合同时，企业应预先支付20%的价款，余款在材料验收入库后三日内付清。

证表2-68

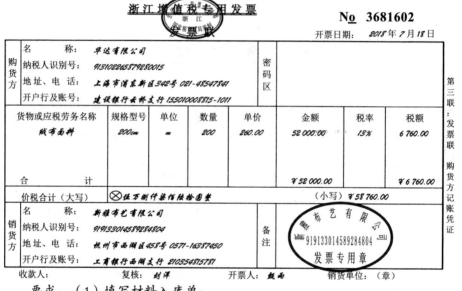

浙江增值税专用发票

No 3681602

开票日期：2018年7月18日

购货方	名　称： 华达有限公司 纳税人识别号：91310226587928OO15 地址、电话：上海市浦东新区342号 O21-4854784I 开户行及账号：建设银行太桥支行 1550IOOO88I5-IOII		密码区				
	货物或应税劳务名称	规格型号	单位	数量	单价	金额	税率	税额
	绒布面料	200cm	m	200	260.00	52 000.00	13%	6 760.00
	合　计					￥52 000.00		￥6 760.00
	价税合计（大写）⊗伍万捌仟柒佰陆拾圆整				（小写）￥58 760.00		
销货方	名　称： 新雅布艺有限公司 纳税人识别号：919133014589284804 地址、电话：杭州市西湖区458号 O57I-I6387450 开户行及账号：工商银行西湖支行 2IO354815781		备注				

收款人：　　　　复核：刘洋　　　　开票人：甄雨　　　　销货单位：（章）

要求：（1）填写材料入库单；

（2）编制记账凭证（为本月第30号凭证）；

（3）登记原材料明细账（明细账见实操五）。

证表2-69

材料入库单

年　月　日

名称	规格	单位	数量		实际成本				
			应收	实收	买价		运杂费	其他	合计
					单价	金额			
合　计									

主管：　　　　　　检验员：　　　　　　保管员：　　　　会计：

证表 2-70

通用记账凭证

年　　月　　日　　　　　　　　　　　字第　　号

摘要	会计科目		借方金额	贷方金额	记账符号
	总账科目	明细科目	千百十万千百十元角分	千百十万千百十元角分	

附单据　　张　　　合　　　计：

会计主管人员　　　记账　　　稽核　　　制单　　　出纳　　　交领款人

实操五：

2018 年 7 月 24 日，企业从新雅布艺有限公司采购纯棉面料和绒布面料，取得销货单位开具的增值税专用发票（抵扣联略），材料已到达企业并验收入库。另取得运费增值税专用发票（抵扣联略）。运费按材料价款分配。出纳吴亮签发转账支票支付运费，采用电汇方式支付新雅布艺有限公司货款。

证表 2-71

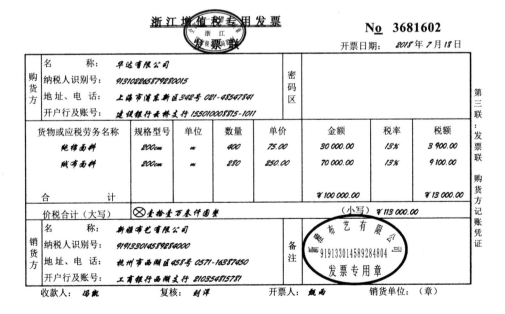

证表 2-72

上海增值税专用发票
发票联

No 2589020

开票日期: 2018 年 7 月 18 日

购货方	名　称：	华达有限公司					密码区			
	纳税人识别号：	91310226587928015								
	地址、电话：	上海市浦东新区342号 021-4854784								
	开户行及账号：	华夏银行云桥支行 15501008815-1011								

货物或应税劳务名称	规格型号	单位	数量	单价	金额	税率	税额
货物运输					500.00	9%	45.00
合　　　计					￥500.00		￥45.00

价税合计（大写）	⊗伍佰肆拾伍圆整	（小写）￥545.00

| 销货方 | 名　称： | 泰达货物运输公司 | | | 备注 | 发货物运输公司
91310254652369871M
发票专用章 |
|---|---|---|---|---|---|---|
| | 纳税人识别号： | 91310254652369871M | | | | |
| | 地址、电话： | 上海市浦东区兴达路433号 021-58415200 | | | | |
| | 开户行及账号： | 交通银行铁西支行 45169981020 | | | | |

收款人: 何玉　　复核: 和洁　　开票人: 李金梓　　销货单位: （章）

第三联：发票联　购货方记账凭证

要求：（1）填写材料入库单；

　　　（2）填写转账支票；

　　　（3）填写电汇凭证；

　　　（4）编制记账凭证（为本月第35号凭证）；

　　　（5）登记原材料明细账。

证表 2-73

材料入库单

年　月　日

名称	规格	单位	数量		实际成本				
			应收	实收	买价		运杂费	其他	合计
					单价	金额			
		合　计							

主管:　　　　检验员:　　　　保管员:　　　　会计:

第二联 会计记账联

证表 2-74

通用记账凭证

年 月 日 字第 号

摘要	会计科目		借方金额	贷方金额	记账符号
	总账科目	明细科目	千百十万千百十元角分	千百十万千百十元角分	

附单据 张 合 计：

会计主管人员 记账 稽核 制单 出纳 交领款人

证表 2-75

原材料明细账

编号	
名称	纯棉面料

计划价格： 计量单位： m

2018年		凭证编号		摘要	收入（借方）			支出（贷方）			余额		
月	日	字	号		数量	单价	金额 十万千百十元角分	数量	单价	金额 十万千百十元角分	数量	单价	金额 十万千百十元角分
7	1			期初余额							250	76.00	1 9 0 0 0 0 0

证表 2-76

原材料明细账

编号	
名称	绒布面料

计划价格： 计量单位： m

2018年		凭证编号		摘要	收入（借方）			支出（贷方）			余额		
月	日	字	号		数量	单价	金额 十万千百十元角分	数量	单价	金额 十万千百十元角分	数量	单价	金额 十万千百十元角分
7	1			期初余额							120	250.00	3 0 0 0 0 0 0

（二）单到料未到的核算

【情景展示】

情景展示一：

2018 年 6 月 5 日，晨曦服装有限公司采购员张翔天从新海纺织品有限公司采购法兰绒面料。张翔天取得增值税专用发票送至财务部审核并提请支付货款，材料尚未到达企业。经财务部经理张毅审核批示，出纳员张宇凡签发转账支票，并将支票交给采购员张翔天用以支付货款。增值税专用发票及转账支票如下（增值税专用发票抵扣联略）：

证表 2-77

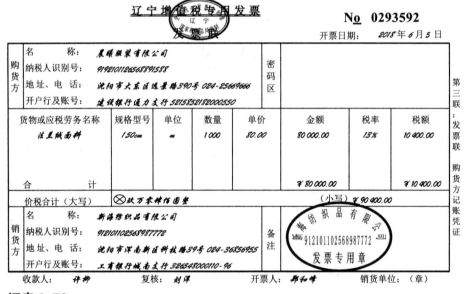

证表 2-78

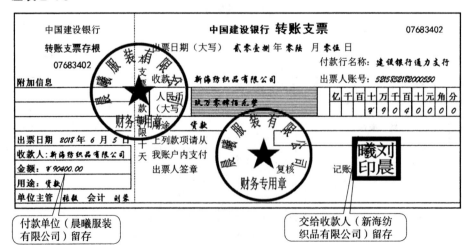

> **相关链接——支票**
>
> 支票是银行存款人签发给收款人办理结算或委托开户银行无条件将款项支付给收款人或者持票人的票据。支票为单联式，左半部分为存根，出票单位留存；右半部分为支付联，交收款人据以办理进账。

【岗位分析】

财务部会计刘蓉取得相关原始凭证，做如下分析。

企业从材料供应商新海纺织品有限公司采购法兰绒面料，取得了对方出具的增值税专用发票，但采购的材料尚未运抵企业办理验收入库，因此根据增值税专用发票列明的实际成本，借记"在途物资"账户。

取得了材料供应商新海纺织品有限公司出具的增值税专用发票，根据增值税专用发票抵扣联注明的增值税税额，借记"应交税费——应交增值税（进项税额）"账户。

出纳员签发了转账支票向新海纺织品有限公司支付材料的价税款，根据转账支票列明的支付金额，贷记"银行存款"账户。

【背景知识】

当先取得结算凭证时，企业审核无误后付款，或已开出商业汇票，而材料尚未到达企业，为了反映材料购入情况，应通过"在途物资"账户核算。

【任务实施】

步骤一：审核原始凭证，确定会计科目。

根据原始凭证增值税专用发票、转账支票，会计分录如下。

借：在途物资——法兰绒面料　　　　　　80 000

　　应交税费——应交增值税（进项税额）　10 400

　　贷：银行存款　　　　　　　　　　　　　90 400

步骤二：编制记账凭证（为本月第 2 号凭证）。

证表2-79

通用记账凭证

2018 年 6 月 5 日   记 字第 2 号

摘要	会计科目		借方金额	贷方金额	记账符号
	总账科目	明细科目	千百十万千百十元角分	千百十万千百十元角分	
购买法兰绒面料	在途物资	法兰绒面料	8 0 0 0 0 0 0		
	应交税费	应交增值税（进项税额）	1 0 4 0 0 0 0		
	银行存款			9 0 4 0 0 0 0	
附单据 贰 张		合 计：	￥9 0 4 0 0 0 0	￥9 0 4 0 0 0 0	

会计主管人员 张毅   记账   稽核 张毅   制单 刘蓉   出纳 张宇凡   交领款人

附单据包括增值税专用发票（发票联）、转账支票存根

步骤三：记账会计冯琳根据记账凭证登记在途物资明细账（应交税费明细账、银行存款日记账略）。

证表2-80

在途物资明细账

材料名称： 法兰绒面料   计量单位： m

2018 年		凭证号	摘要	借方				贷方				余额
月	日			数量	买价	采购费用	借方合计	入库日期	凭证号	摘要	实际成本	
6	5	记2	购买材料	1000	80 000.00		80 000.00					

情景展示二：

2018 年 6 月 10 日，从新海纺织品有限公司采购的法兰绒面料运抵企业并验收入库，由张宇填制材料入库单，并交由仓储部经理赵赫审核，审核完毕后，将材料入库单送至公司财务部审核。材料入库单如下。

证表2-81

材料入库单

2018 年 6 月 10 日

名称	规格	单位	数量		实际成本					第二联会计记账联
			应收	实收	买价		运杂费	其他	合计	
					单价	金额				
法兰绒面料	150cm	m	1 000	1 000	80.00	80 000.00			80 000.00	
合 计						80 000.00			80 000.00	

主管： 赵赫　　　检验员： 张翔天　　　保管员： 张宇　会计： 刘蓉

【岗位分析】

财务部会计刘蓉取得相关原始凭证，做如下分析。

企业从新海纺织品有限公司采购的法兰绒面料运抵企业办理验收入库，根据材料入库单列明的实际成本，借记"原材料"账户，贷记"在途物资"账户。

【背景知识】

材料物资运抵企业后验收入库时，借记"原材料"账户，贷记"在途物资"账户。

在实际工作中，如付款时间与货物到达时间间隔不太长，为简化核算，可在付款后，收料前时间内暂不做账务处理，待货到后按单货同到做账务处理。

【任务实施】

步骤一：审核原始凭证，确定会计科目。

根据材料入库单，会计分录如下。

借：原材料——法兰绒面料　　　　80 000

　　贷：在途物资——法兰绒面料　　　　80 000

步骤二：编制记账凭证（为本月第11号凭证）。

证表 2-82

通 用 记 账 凭 证

2018 年 6 月 10 日   记 字第 11 号

摘要	会计科目		借方金额	贷方金额	记账符号
	总账科目	明细科目	千百十万千百十元角分	千百十万千百十元角分	
材料验收入库	原材料	法兰绒面料	8 0 0 0 0 0 0		
	在途物资	法兰绒面料		8 0 0 0 0 0 0	
附单据 壹 张	合 计:		￥8 0 0 0 0 0 0	￥8 0 0 0 0 0 0	

会计主管人员 张毅   记账   稽核 张毅   制单 刘蓉   出纳   交领款人

所附单据为材料入库单

步骤三：记账会计冯琳根据记账凭证登记在途物资明细账、原材料明细账。已知"原材料——法兰绒面料"明细账 6 月 1 日期初库存 400m，单价 76 元，金额 30 400 元。

证表 2-83

在途物资明细账

材料名称：法兰绒面料   计量单位： m

2018年		凭证号	摘要	借方				贷方				余额
月	日			数量	买价	采购费用	借方合计	入库日期	凭证号	摘要	实际成本	
6	5	记2	购买材料	1 000	80 000.00		80 000.00	6.10	记11	材料入库	80 000.00	0

相关链接——在途物资明细账

在途物资明细账通常采用"横线登记法"，即将购入物资收货情况，登记在同一行内，以便反映货物到达入库情况。借方根据购入材料时编制的记账凭证登记，贷方根据材料入库时编制的记账凭证登记。如果借、贷方都有记录，则表明购入的在途物资入库，说明该项购货业务已经完结；如果只有借方记录，无贷方记录，则是在途物资。

证表 2-84

原材料明细账

编号	
名称	法兰绒面料

计划价格：　　　　　　　　　　计量单位：m

2018年		凭证编号		摘要	收入（借方）										支出（贷方）										余额									
月	日	字	号		数量	单价	十万	千	百	十	元	角	分		数量	单价	十万	千	百	十	元	角	分		数量	单价	十万	千	百	十	元	角	分	
6	1			期初余额																					4000	76	3	0	4	0	0	0	0	
	10	记	11	材料入库	1000	80		8	0	0	0	0	0												400	76	3	0	4	0	0	0	0	
																									1000	80		8	0	0	0	0	0	

证表 2-85

通用记账凭证

2018 年 6 月 10 日　　　　　　　　　记　字第 11 号

摘要	会计科目		借方金额										贷方金额										记账符号
	总账科目	明细科目	千	百	十	万	千	百	十	元	角	分	千	百	十	万	千	百	十	元	角	分	
材料验收入库	原材料	法兰绒面料				8	0	0	0	0	0	0											√
	在途物资	法兰绒面料														8	0	0	0	0	0	0	√
附单据　壹　张　　合　　计：			¥	8	0	0	0	0	0	0			¥	8	0	0	0	0	0	0			

会计主管人员 张毅　　记账 冯琳　　稽核 张毅　　　制单 刘蓉　　出纳　　　交领款人

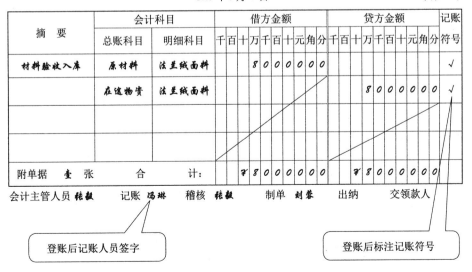

登账后记账人员签字　　　　　　　　　　　　　　　　　　　登账后标注记账符号

【拓展提升】

实训一：

2018 年 6 月 11 日，企业采购员刘鹏于 5 月 31 日从苗乡服装辅料有限公司采购的 1 000 粒纽扣已经到达企业，由仓库保管员张宇检验合格并验收入库。该批纽扣的规格型号为 30mm，采购单价 2.8 元，金额 2 800 元；另支付了采购运费 100 元。其中涉及人员包括检验员刘鹏，仓库主管赵赫，会计刘蓉。

实训要求：

（1）请根据相关资料，帮助保管员张宇填写材料入库单；

（2）请帮助会计刘蓉编制记账凭证（为本月第 12 号凭证）；

（3）请帮助会计冯琳登记原材料明细账。已知"原材料——30mm 纽扣"明细账 6 月 1 日期初库存 2 000 粒，单价 3.2 元，金额 6 400 元。（纽扣的发出采用月末一次加权平均法计价。）

证表 2-86

材料入库单

年　月　日

名称	规格	单位	数量		实际成本					第二联 会计记账联
			应收	实收	买价		运杂费	其他	合计	
					单价	金额				
合　计										

主管：　　　　　检验员：　　　　　保管员：　　　　会计：

证表 2-87

通 用 记 账 凭 证

年　月　日　　　　　　　字第　号

摘要	会计科目		借方金额									贷方金额									记账符号
	总账科目	明细科目	千	百	十	万	千	百	十	元	角	分	千	百	十	万	千	百	十	元	角	分	
附单据　　张	合　　计：																					

会计主管人员　　　记账　　　稽核　　　制单　　　出纳　　　交领款人

证表 2-88

原材料明细账

	编号	
	名称	*30mm 纽扣*

计划价格：　　　　　　　　　　　计量单位：**株**

2018年		凭证编号		摘要	收入（借方）										支出（贷方）										余额									
月	日	字	号		数量	单价	十	万	千	百	十	元	角	分	数量	单价	十	万	千	百	十	元	角	分	数量	单价	十	万	千	百	十	元	角	分
6	1			期初余额																					2000	3.20		6	4	0	0	0	0	

相关链接——采购成本的构成

采购成本包括购买价款、相关税费、运输费、装卸费、保险费以及其他可归属于采购成本的费用。材料入库单的实际成本合计数即"原材料"账户的入账金额。

实训二：

2018 年 6 月 13 日，晨曦服装有限公司采购员张翔天从新海纺织品有限公司采购法兰绒面料。张翔天取得增值税专用发票送至财务部审核并提请支付货款，材料尚未到达企业。根据合同规定，收到发票时企业要预付价款的 40%，待收货时结清尾款。经财务部经理张毅审核批示，出纳员张宇凡向新海纺织品有限公司办理电汇手续，取得的增值税专用发票如下所示（抵扣联略）。

证表 2-89

辽宁增值税专用发票

No 0293625

发票联

开票日期: 2018 年 6 月 13 日

购货方	名　　　称:	晨曦服装有限公司								密码区	
	纳税人识别号:	91921011265889158B								
	地址、电话:	沈阳市大东区远景路390号 024-2569666								
	开户行及账号:	建设银行通力支行 52158521B2000550								

货物或应税劳务名称	规格型号	单位	数量	单价	金额	税率	税额
法兰绒面料	150cm	m	1 500	80.00	120 000.00	13%	15 600.00
合　　　　　计					¥120 000.00		¥15 600.00

价税合计（大写）	⊗壹拾叁万伍仟陆佰圆整	（小写）¥135 600.00

销货方	名　　　称:	新海纺织品有限公司	备注
	纳税人识别号:	9121011025689877 72	
	地址、电话:	沈阳市浑南新区科技路39号 024-36856955	
	开户行及账号:	工商银行城南支行 32654800110-96	

收款人: 许柳　　复核: 刘洋　　开票人: 郑知峰　　销货单位:（章）

第三联: 发票联 购货方记账凭证

实训要求:

（1）请根据相关资料，帮助出纳员张宇凡填写电汇凭证；

（2）请帮助会计刘蓉编制记账凭证（为本月第17号凭证）；

（3）请帮助会计冯琳登记在途物资明细账（见实训三）。

证表 2-90

中国建设银行　电汇凭证　（回　单）　　　1

委托日期:　　　年　　月　　日

汇款人	全　称		收款人	全　称	
	账　号			账　号	
	汇出地点	省　　市/县		汇入地点	省　　市/县
	汇出行名称			汇入行名称	

金额	人民币（大写）		亿	千	百	十	万	千	百	十	元	角	分

附加信息及用途:

汇出行签章　　　　　复核　　　　记账

此联是汇出行给汇款人的回单

证表 2-91

通用记账凭证

年　月　日　　　　　　　　　　　　　　　　　　　字第　号

摘要	会计科目		借方金额										贷方金额										记账符号
	总账科目	明细科目	千	百	十	万	千	百	十	元	角	分	千	百	十	万	千	百	十	元	角	分	
附单据　张		合　　计：																					

会计主管人员　　　记账　　　稽核　　　制单　　　出纳　　　交领款人

实训三：

6 月 15 日，从新海纺织品有限公司采购的法兰绒面料运抵企业并验收入库，由仓库保管员张宇填制材料入库单，并交由仓储部经理赵赫审核，审核完毕后，将材料入库单送至公司财务部审核。出纳员张宇凡签发转账支票支付剩余款项。

实训要求：

（1）请根据相关资料，帮助保管员张宇填写材料入库单；

（2）请帮助出纳张宇凡填写转账支票；

（3）请帮助会计刘蓉编制相关记账凭证（为本月第 20 号、21 号凭证）；

（4）请帮助会计冯琳登记在途物资明细账和原材料明细账。

证表 2-92

材料入库单

年　月　日

名称	规格	单位	数量		实际成本					第二联会计记账联
			应收	实收	买价		运杂费	其他	合计	
					单价	金额				
		合　计								

主管：　　　　　检验员：　　　　　保管员：　　　会计：

证表2-93

中国建设银行	中国建设银行 **转账支票**	07683410

中国建设银行

转账支票存根

07683410

附加信息

出票日期　　年　月　日

收款人：

金额：

用途：

单位主管　　会计

本支票付款期限十天

中国建设银行 **转账支票**　　07683410

出票日期（大写）　　年　月　日

付款行名称：

收款人：　　　　　出票人账号：

人民币（大写）　　　　　亿千百十万千百十元角分

用途_____

上列款项请从我账户内支付

出票人签章　　　复核　　记账

证表2-94

通 用 记 账 凭 证

年　月　日　　　　　　　　　字第　号

摘要	会计科目		借方金额									贷方金额								记账符号
	总账科目	明细科目	千	百	十	万	千	百	十	元	角	分	千	百	十	万	千	百	十	元	角	分	
附单据　张　合　　计：																						

会计主管人员　　　记账　　　稽核　　　　制单　　　　出纳　　　交领款人

证表2-95

通 用 记 账 凭 证

年　月　日　　　　　　　　　字第　号

摘要	会计科目		借方金额									贷方金额								记账符号
	总账科目	明细科目	千	百	十	万	千	百	十	元	角	分	千	百	十	万	千	百	十	元	角	分	
附单据　张　合　　计：																						

会计主管人员　　　记账　　　稽核　　　　制单　　　　出纳　　　交领款人

证表 2-96

在途物资明细账

材料名称：*法兰绒面料*　计量单位：*m*

2018年		凭证号	摘要	借方				贷方				余额
月	日			数量	买价	采购费用	借方合计	入库日期	凭证号	摘要	实际成本	
6	5	记2	购买材料	1000	80 000.00		80 000.00	6.10	记11	材料入库	80 000.00	0

证表 2-97

原材料明细账

编号	
名称	*法兰绒面料*

计划价格：　　　　计量单位：*m*

2018年		凭证编号		摘要	收入（借方）			支出（贷方）			余额		
月	日	字	号		数量	单价	金额（十万千百十元角分）	数量	单价	金额（十万千百十元角分）	数量	单价	金额（十万千百十元角分）
6	1			期初余额							400	76	3 0 4 0 0 0 0
											400	76	3 0 4 0 0 0 0
	10	记	11	材料入库	1000	80	8 0 0 0 0 0				1000	80	8 0 0 0 0 0

相关链接——预付账款的核算

企业根据购货合同的规定向供货单位预付款项时，借记"预付账款"，贷记"银行存款"；企业收到所购货物时，按照应计入所购物资成本的金额借记"在途物资""原材料"等，贷记"预付账款"账户；当预付账款小于采购货物所需支付的款项时，按不足金额，借记"预付账款"，贷记"银行存款"；当预付账款大于采购货物所需支付的款项时，按收回的多余款项，借记"银行存款"，贷记"预付账款"。

【模拟实操】

华达有限公司是一家沙发生产企业，为增值税一般纳税人。其主要生产纯棉沙发和绒布沙发两种产品。其生产所用的主要材料有木材、高弹性海绵、纯棉面料、绒布面料、轻钉等。木材、高弹性海绵、轻钉的发出，采用月末一次加权平均法计价；纯棉面料、绒布面料的发出，采用先进先出法计价。

统一社会信用代码：913102265879280015

法定代表人：李达

开户银行：建设银行云桥支行

账号：155010008815-1011

地址：上海市浦东新区342号

电话：021-48547841

公司财务部经理刘涛，负责财务科全面工作；会计郑源负责审核凭证并登记总账；会计张浩负责编制记账凭证；会计张彬负责登记明细账；出纳吴亮。除此之外，还涉及的人员有采购员张旭，检验员李彤，材料保管员刘娜，仓储部经理郑艳红。

实操一：

2018年7月5日，从金兴木料公司采购规格型号为3mm的木材10m³，单位成本1 800元，价款18 000元，增值税额2 340元。已经取得增值税专用发票（抵扣联略）。木材尚未运抵企业。采购员张旭持有关单据到财务科请求付款。经领导审核批准，出纳吴亮到银行办理6个月期的商业汇票支付款项。

证表2-98

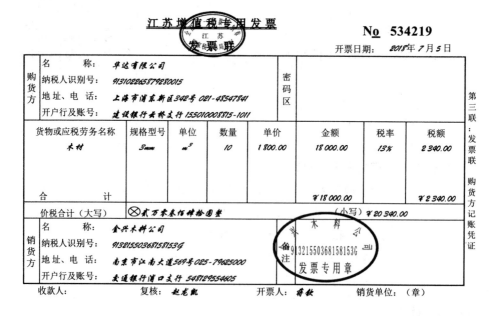

要求：（1）签发商业汇票；

（2）编制记账凭证（为本月第7号凭证）；

（3）登记在途物资明细账（明细账见第4题）。

证表2-99

银行承兑汇票（存　根）　　3

汇票号码 320589

出票日期　　　年　月　日
（大写）

付款人	全　称		收款人	全　称													此
	账　号			账　号													联
	开户银行			开户银行													出
出票金额	人民币（大写）				亿	千	百	十	万	千	百	十	元	角	分		票
汇票到期日（大写）			付款人开户行	行号													人
承兑协议编号				地址													存
			备注：														查

证表2-100

通用记账凭证

年　月　日　　　　　　　　　　　　　字第　号

摘要	会计科目		借方金额									贷方金额									记账符号
	总账科目	明细科目	千	百	十	万	千	百	十	元	角	分	千	百	十	万	千	百	十	元	角	分
附单据　张	合　　计：																				

会计主管人员　　　记账　　　稽核　　　制单　　　出纳　　　交领款人

实操二：

2018年7月9日，从金兴木料公司采购规格型号为3mm的木材运抵企业。采购员张旭与材料保管员共同验收材料，办理入库手续。

要求：（1）填写材料入库单；

（2）编制记账凭证（为本月第12号凭证）；

（3）登记在途物资明细账和原材料明细账。已知3mm木材月初库存20m³，单位成本1 800元。（明细账见实操四）。

证表 2-101

材料入库单

年　月　日

名称	规格	单位	数量		实际成本					第二联 会计记账联
			应收	实收	买价		运杂费	其他	合计	
					单价	金额				
合　计										

主管：　　　　　　　检验员：　　　　　　　保管员：　　　　　　会计：

证表 2-102

通 用 记 账 凭 证

年　月　日　　　　　　　　　　　　字第　　号

摘要	会计科目		借方金额	贷方金额	记账符号
	总账科目	明细科目	千百十万千百十元角分	千百十万千百十元角分	
附单据　　张　　合　　计：					

会计主管人员　　　记账　　　稽核　　　　制单　　　出纳　　　交领款人

实操三：

2018 年 7 月 14 日，从金兴木料公司采购规格型号为 3mm 的木材，材料尚未运抵企业，金兴木料公司代为垫付了运费 660 元。采购员张旭将增值税专用发票送至财务部审核（抵扣联略），出纳员吴亮签发转账支票支付全部款项。

证表 2-103

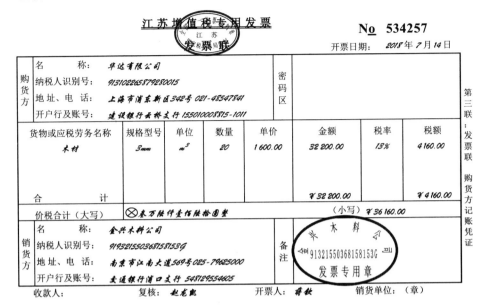

证表 2-104

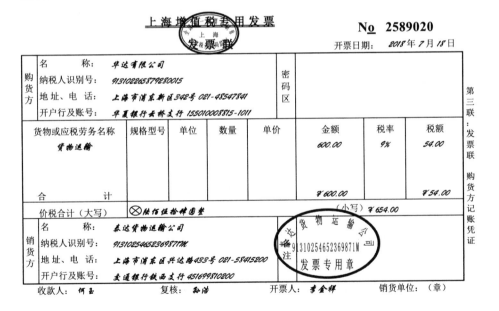

要求：（1）填写转账支票；

（2）编制记账凭证（为本月第18号凭证）；

（3）登记在途物资明细账（明细账见实操四）。

证表 2-105

中国建设银行 转账支票存根 07683410	中国建设银行 **转账支票** 07683410
附加信息 _____ _____ 出票日期　年 月 日 收款人： 金额： 用途： 单位主管　会计	本支票付款期限十天　出票日期（大写）　　年　月　日　付款行名称： 收款人：　　　出票人账号： 人民币（大写）　　亿千百十万千百十元角分 用途_____ 上列款项请从我账户内支付 出票人签章　　　复核　　　记账

证表 2-106

通 用 记 账 凭 证

年　月　日　　　　　字第　号

摘要	会计科目		借方金额	贷方金额	记账符号
	总账科目	明细科目	千百十万千百十元角分	千百十万千百十元角分	

附单据　张　　合　　计：

会计主管人员　　记账　　稽核　　制单　　出纳　　交领款人

实操四：

2018年7月17日，从金兴木料公司采购规格型号为 3mm 的木材到达企业并办理入库手续。

要求：（1）填写材料入库单；

（2）编制记账凭证（为本月第27号凭证）；

（3）登记在途物资明细账和原材料明细账。

证表 2-107

材料入库单

年　月　日

第二联会计记账联

名称	规格	单位	数量		实际成本				
			应收	实收	买价		运杂费	其他	合计
					单价	金额			
合　计									

主管：　　　　　　检验员：　　　　　　保管员：　　　　会计：

证表 2-108

通 用 记 账 凭 证

年　月　日　　　　　　　　　　　　　　　字第　　号

摘要	会计科目		借方金额									贷方金额										记账符号
	总账科目	明细科目	千	百	十	万	千	百	十	元	角	分	千	百	十	万	千	百	十	元	角	分	
附单据　　张　　　合　　　计：																						

会计主管人员　　　记账　　　稽核　　　制单　　　出纳　　　交领款人

证表 2-109

在途物资明细账

材料名称：　　　　　计量单位：

年		凭证号	摘要	借方				贷方				余额
月	日			数量	买价	采购费用	借方合计	入库日期	凭证号	摘要	实际成本	

证表 2-110

原材料明细账

编号	
名称	

计划价格：　　　　　　　　计量单位：

年		凭证编号		摘要	收入（借方）			支出（贷方）			余额		
月	日	字	号		数量	单价	金额 十 万 千 百 十 元 角 分	数量	单价	金额 十 万 千 百 十 元 角 分	数量	单价	金额 十 万 千 百 十 元 角 分

（三）料到单未到的核算

【情景展示】

情景展示一：

2018 年 5 月 28 日，晨曦服装有限公司采购员刘鹏从苗乡服装辅料有限公司采购的 600 个缝线到达企业，规格为 40S/2，由保管员张宇验收合格后，办理入库手续，并交由仓储部经理赵赫审核。但该批材料的发票尚未取得。

【岗位分析】

保管员张宇将材料办理入库手续，仓库中的缝线增加 600 个。但是材料账单尚未到达企业，会计刘蓉无法根据发票登记金额。因此，刘蓉暂不做账务处理。

【背景知识】

材料已运抵企业，但账单尚未到达，在这种情况下，企业可暂不处理。等账单到达后，按料单同时到达处理，此时可借记"原材料""应交税费"账户，贷记有关账户。

情景展示二：

至 2018 年 5 月 31 日，采购员刘鹏尚未收到苗乡服装辅料有限公司的发票。保管员张宇按照缝线 5 月最近一次购料的单价 4 元估价入账，填写材料入库单送至财务科。材料入库单如下。

证表 2-111

材料入库单

2018 年 5 月 31 日

名称	规格	单位	数量		实际成本					第二联会计记账联
			应收	实收	买价		运杂费	其他	合计	
					单价	金额				
缝线	405/2	个	600	600	4.00 (估价)	2 400.00 (估价)			2 400.00 (估价)	
合计						2 400.00 (估价)			2 400.00 (估价)	

主管：赵赫　　　　检验员：刘鹏　　　　保管员：张宇　会计：刘蓉

【岗位分析】

财务部会计刘蓉取得材料入库单，做如下分析。

月末采购缝线的账单尚未到达企业，仓储部将缝线估计入库，单据填写齐全，审核流程无误，刘蓉在入库单上签字，并根据材料入库单列明的实际成本，借记"原材料"账户。

尚未取得材料的发票账单，款项未支付，根据估计的价格，贷记"应付账款——暂估应付账款"账户。

【背景知识】

材料已运抵企业，但月末账单还未到达，应按所购材料的暂估价（计划价格）入账，借记"原材料"账户，贷记"应付账款——暂估应付账款"账户。

【任务实施】

步骤一：审核原始凭证，确定会计科目。

根据原始凭证材料入库单，会计分录如下。

借：原材料——缝线　　　　　2 400

　　贷：应付账款——暂估应付账款　　　2 400

步骤二：编制记账凭证（为本月第 45 号凭证）。

证表 2-112

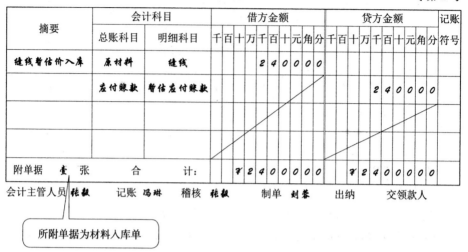

通用记账凭证

2018 年 5 月 31 日　　　　　　　　　　　记 字第 45 号

摘要	会计科目		借方金额	贷方金额	记账符号
	总账科目	明细科目	千百十万千百十元角分	千百十万千百十元角分	
缝线暂估价入库	原材料	缝线	2 4 0 0 0 0		
	应付账款	暂估应付账款		2 4 0 0 0 0	
附单据　壹　张　　　　合　　　计：			￥2 4 0 0 0 0	￥2 4 0 0 0 0	

会计主管人员 张毅　　记账 冯琳　稽核 张毅　　　制单 刘蓉　　出纳　　　交领款人

所附单据为材料入库单

步骤三：记账会计冯琳根据记账凭证登记原材料明细账（应付账款明细账略）。缝线的发出采用月末一次加权平均法计价。

证表 2-113

原材料明细账

编号	
名称	缝线

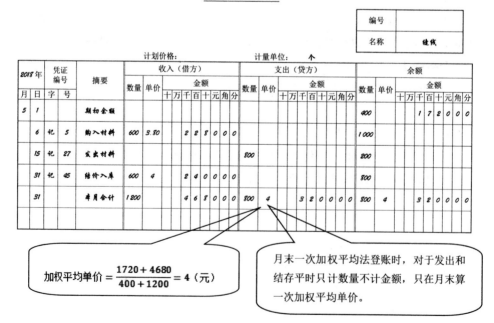

计划价格：　　　　　　　计量单位：　个

2018 年		凭证编号		摘要	收入（借方）			支出（贷方）			余额		
月	日	字	号		数量	单价	金额 十万千百十元角分	数量	单价	金额 十万千百十元角分	数量	单价	金额 十万千百十元角分
5	1			期初金额							400		1 7 2 0 0 0
	6	记	5	购入材料	600	3.80	2 2 8 0 0 0				1 000		
	15	记	27	发出材料				800			200		
	31	记	45	结价入库	600	4	2 4 0 0 0 0				800		
	31			本月合计	1 200		4 6 8 0 0 0	800	4	3 2 0 0 0 0	800	4	3 2 0 0 0 0

$$\text{加权平均单价} = \frac{1720 + 4680}{400 + 1200} = 4\text{（元）}$$

月末一次加权平均法登账时，对于发出和结存平时只计数量不计金额，只在月末算一次加权平均单价。

证表 2-114

通用记账凭证

2018 年 5 月 31 日　　　　　　　　　　　　　　　记　字第 45 号

摘要	会计科目		借方金额	贷方金额	记账符号
	总账科目	明细科目	千百十万千百十元角分	千百十万千百十元角分	
缝线暂估价入库	原材料	缝线	2 4 0 0 0 0		√
	应付账款	暂估应付账款		2 4 0 0 0 0	
附单据 壹 张	合	计:	￥ 2 4 0 0 0 0	￥ 2 4 0 0 0 0	

会计主管人员 张毅　　记账 冯琳　　稽核 张毅　　　制单 刘蓉　　出纳　　　交领款人

登账后记账人员签字

登账后标注记账符号

【情景展示】

情景展示三：

至 2018 年 6 月 1 日，保管员张宇针对 5 月 31 日估价入账的缝线，填写红字入库单，冲回暂估入账金额。材料入库单如下。

证表 2-115

材料入库单

2018 年 5 月 31 日

名称	规格	单位	数量		实际成本				第二联会计记账联
			应收	实收	买价		运杂费	其他	合计	
					单价	金额				
缝线	40512	个	600	600	4.00 (冲回)	2 400.00 (冲回)			2 400.00 (冲回)	
合 计						2 400.00 (冲回)			2 400.00 (冲回)	

主管：　赵赫　　　检验员：　刘鹏　　　保管员：　张宇　会计：　刘蓉

【岗位分析】

财务部会计刘蓉取得材料入库单，做如下分析。

上月采购的缝线月末账单尚未到达企业，月末已暂估入库，所列成本为估计成本，并非真实成本，因此本月初，将估价入库的分录红字冲回，待收到单据时再根据材料的实际成本入账。会计刘蓉在入库单上签字，并根据材料入库单列明的红字金额，以红字借记"原材料"账户，以红字贷记"应付账款——暂估应付账款"账户。

【背景知识】

材料已运抵企业，但月末账单还未到达，应按所购材料的暂估价（计划价格）入账，下月初再用红字凭证冲回。

【任务实施】

步骤一：审核原始凭证，确定会计科目。

根据原始凭证材料入库单，会计分录如下。

借：原材料——缝线　　　　　　2 400
　　贷：应付账款——暂估应付账款　　　2 400

步骤二：编制记账凭证（为本月第1号凭证）。

证表2-116

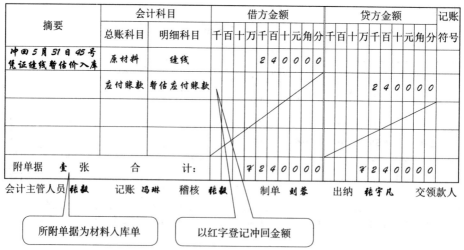

步骤三：记账会计冯琳根据记账凭证登记原材料明细账（应付账款明细账略）。缝线的发出采用月末一次加权平均法计价。

证表 2-117

原材料明细账

编号	
名称	缝线

计划价格：　　　　　　计量单位：　个

2018年 月	日	凭证编号 字	号	摘要	收入（借方） 数量	单价	金额 十万千百十元角分	支出（贷方） 数量	单价	金额 十万千百十元角分	余额 数量	单价	金额 十万千百十元角分
6	1			期初金额							400	4.30	1 7 2 0 0 0
	6	记	5	购入材料	600	3.80	2 2 8 0 0 0				1 000		
	15	记	27	发出时割				800			200		
	31	记	45	估价入库	600	4	2 4 0 0 0 0				800		
	31			本月合计	1 200		4 6 8 0 0 0	800	4	3 2 0 0 0	800	4	3 2 0 0 0
6	1	记	1	45号凭证缝线暂估价入库	600	4	2 4 0 0 0 0				200	4	8 0 0 0

以红字登记冲回金额

证表 2-118

通 用 记 账 凭 证

2018 年 6 月 1 日　　　　　　记 字第 1 号

摘要	会计科目 总账科目	明细科目	借方金额 千百十万千百十元角分	贷方金额 千百十万千百十元角分	记账符号
冲回5月31日45号凭证缝线暂估价入库	原材料	缝线	2 4 0 0 0 0		√
	应付账款	暂估应付账款		2 4 0 0 0 0	
附单据　壹　张　　合　　　　计：			￥2 4 0 0 0 0	￥2 4 0 0 0 0	

会计主管人员 张报　　记账 冯琳　　稽核 张报　　制单 刘蓉　　出纳　　交领款人

登账后记账人员签字

登账后标注记账符号

【情景展示】

情景展示四：

2018年6月7日，晨曦服装有限公司采购员刘鹏收到苗乡服装辅料有限公司的发票，列明上月末所购入缝线的采购成本及增值税税额。由保管员张宇根据增值税专用发票上注明的价款填制材料入库单，并交由仓储部经理赵赫审核，审核完毕后，将材料入库单连同收到的购货增值税专用发票送至公司财务部审核并提请付款。经财务部经理张毅批示，出纳员张宇凡签发转账支票，并将支票交给采购员张宇用以支付货款。取得的增值税专用发票和填制的材料入库单、转账支票如下。

证表 2-119

辽宁增值税专用发票　　No 0237015

发票联

开票日期： 2018 年 6 月 7 日

购货方	名　　　称：晨晓服装有限公司 纳税人识别号：912101265889158 8 地址、电话：沈阳市大东区逸景路390号 024-2569666 开户行及账号：建设银行通力支行 5215852182000550					密码区			
货物或应税劳务名称	规格型号	单位	数量	单价	金额	税率	税额
缝线	405/2	个	600	4.30	2 580.00	13%	335.40
合　　　计					￥2 580.00		￥335.40
价税合计（大写）　⊗ 贰仟玖佰壹拾伍圆肆角整						（小写）￥2 915.40	

销货方	名　　　称：富乡服装辅料有限公司 纳税人识别号：9121011058799622 51 地址、电话：沈阳市新民市宏达路73号 024-2568225 0 开户行及账号：交通银行新民支行 6225845215 4125	备注	乡服装辅料有限公司 91210110587996 2251 发票专用章

收款人：孙祥鑫　　复核：郭新宇　　开票人：洪达　　销货单位：（章）

第三联：发票联　购货方记账凭证

证表 2-120

材料入库单

2018 年 6 月 7 日

名称	规格	单位	数量		实际成本				
			应收	实收	买价		运杂费	其他	合计
					单价	金额			
缝线	405/2	个	600	600	4.30	2 580.00			2 580.00
合　计						2 580.00			2 580.00

主管：赵赫　　检验员：刘鹏　　保管员：张宇　会计：刘蓉

第二联 会计记账联

证表 2-121

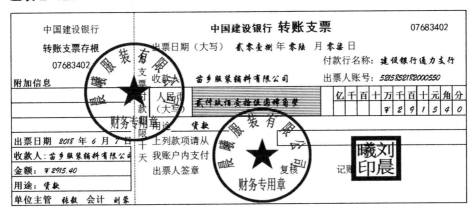

【岗位分析】

财务部会计刘蓉取得相关原始凭证，做如下分析。

仓储部根据取得的增值税专用发票填制材料入库单并审核，单据填写齐全，审核流程无误，会计刘蓉在入库单签字，并根据材料入库单列明的实际成本，借记"原材料"账户。

取得了材料供应商苗乡服装辅料有限公司出具的增值税专用发票，根据增值税专用发票的抵扣联注明的增值税税额，借记"应交税费——应交增值税（进项税额）"账户。

出纳张宇凡签发转账支票办理付款手续，根据转账支票列明的金额，贷记"银行存款"账户。

【背景知识】

材料先到而发票账单未收到时，暂不处理。待收到账单时再验收入库，与结算凭证一并直接进行"单货同时到达"核算。

【任务实施】

步骤一：审核原始凭证，确定会计科目。

根据原始凭证增值税专用发票、材料入库单、转账支票存根，会计分录如下。

借：原材料——缝线　　　　　　　　　　　　2 580

　　应交税费——应交增值税（进项税额）　　335.40

　　贷：银行存款　　　　　　　　　　　　　　　　2 915.40

步骤二：编制记账凭证（为本月第 4 号凭证）。

证表2-122

通用记账凭证

2018年6月7日   　　　　　　　　　　　　　　　　记 字第4号

摘要	会计科目		借方金额	贷方金额	记账符号
	总账科目	明细科目	千百十万千百十元角分	千百十万千百十元角分	
购买缝线	原材料	缝线	2 5 8 0 0 0		✓
	应交税费	应交增值税（进项税额）	3 3 5 4 0		
	银行存款			2 9 1 5 4 0	
附单据 叁 张　　合　计：			￥2 9 1 5 4 0	￥2 9 1 5 4 0	

会计主管人员 张毅　　记账 冯琳　　稽核 张毅　　　　制单 刘蓉　　　出纳 张宇凡　　交领款人

附单据包括材料入库单、增值税专用发票（发票联）、转账支票存根

　　步骤三：记账会计冯琳根据记账凭证登记原材料明细账（应交税费、应付账款明细账略）。

证表2-123

原材料明细账

编号	
名称	缝线

计划价格：　　　　　　　　　计量单位： 个

2018年		凭证编号		摘要	收入（借方）			支出（贷方）			余额		
月	日	字	号		数量	单价	十万千百十元角分	数量	单价	十万千百十元角分	数量	单价	十万千百十元角分
6	1			期初金额							400	4.30	1 7 2 0 0 0
	6	记	5	购入材料	600	3.80	2 2 8 0 0 0				1000		
	15	记	27	发出材料				800			200		
	31	记	45	估价入库	600	4	2 4 0 0 0 0				800		
	31			本月合计	1200		4 6 8 0 0 0	800	4	3 2 0 0 0 0	800	4	3 2 0 0 0 0
6	1	记	1	45号凭证缝线暂估价入库	600	4	2 4 0 0 0 0				200		8 0 0 0 0
	4	记	4	购入材料	600	4.30	2 5 8 0 0 0				800		

证表 2-124

通用记账凭证

2018 年 6 月 7 日　　　　　　　　　　　　　　记　字第 4 号

摘要	会计科目		借方金额										贷方金额										记账符号
	总账科目	明细科目	千	百	十	万	千	百	十	元	角	分	千	百	十	万	千	百	十	元	角	分	
购买链线	原材料	链线					2	5	8	0	0	0											√
	应交税费	应交增值税(进项税额)						3	3	5	4	0											
	银行存款																2	9	1	5	4	0	
附单据 叁 张	合　　计:		¥		2	9	1	5	4	0			¥		2	9	9	2	8	0			

会计主管人员 张毅　　记账 冯琳　　稽核 张毅　　制单 刘蓉　　出纳 张宇凡　　交领款人

登账后记账人员签字　　　　　　　　　　　　　　登账后标注记账符号

【模拟实操】

华达有限公司是一家沙发生产企业，为增值税一般纳税人。其主要生产纯棉沙发和绒布沙发两种产品。生产所用的主要材料有木材、高弹性海绵、纯棉面料、绒布面料、轻钉等。木材、高弹性海绵、轻钉的发出，采用月末一次加权平均法计价；纯棉面料、绒布面料的发出，采用先进先出法计价。

统一社会信用代码：913102265879280015

法定代表人：李达

开户银行：建设银行云桥支行

账号：155010008815-1011

地址：上海市浦东新区 342 号

电话：021-48547841

公司财务部经理刘涛，负责财务科全面工作；会计郑源负责审核凭证并登记总账；会计张浩负责编制记账凭证；会计张彬负责登记明细账；出纳吴亮。除此之外，还涉及的人员有采购员张旭，检验员李彤，材料保管员刘娜，仓储部经理郑艳红。

实操一：

2018 年 4 月 30 日，华达有限公司保管员刘娜对从新雅布艺有限公司采购的 300m 纯棉面料估价入库。该材料于 4 月 26 日到达企业并办理验收入库，但截至月末，仍未收到新雅布艺有限公司开具的增值税专用发票。保管员刘娜按照纯棉面料的计划单价 80 元暂估入库，该批材料型号为 200mm。

要求：（1）填写材料入库单；

（2）编制记账凭证（为本月第39号凭证）；

（3）登记材料明细账并结账（明细账见实操三）。

证表2-125

材料入库单

年 月 日

名称	规格	单位	数量		实际成本					第二联会计记账联
			应收	实收	买价		运杂费	其他	合计	
					单价	金额				
合 计										

主管：　　　　　　检验员：　　　　　　保管员：　　　　会计：

证表2-126

通 用 记 账 凭 证

年 月 日　　　　　　　　　　　　　字第 号

摘要	会计科目		借方金额									贷方金额									记账符号
	总账科目	明细科目	千	百	十	万	千	百	十	元	角	分	千	百	十	万	千	百	十	元	角	分	

附单据　　张　　合　　　计：

会计主管人员　　记账　　稽核　　　制单　　　出纳　　　交领款人

实操二：

2018年5月1日，华达有限公司对4月30日暂估入库300m纯棉面料红字冲回，该批材料型号为200mm，计划单价为80元/m。

要求：（1）填写材料入库单；

（2）编制记账凭证（为本月第1号凭证）；

（3）登记材料明细账（明细账见实操三）。

证表 2-127

材料入库单

年 月 日

名称	规格	单位	数量		实际成本					第二联会计记账联
			应收	实收	买价		运杂费	其他	合计	
					单价	金额				
合 计										

主管: 检验员: 保管员: 会计:

证表 2-128

通 用 记 账 凭 证

年 月 日   字第 号

摘要	会计科目		借方金额									贷方金额									记账符号
	总账科目	明细科目	千	百	十	万	千	百	十	元	角	分	千	百	十	万	千	百	十	元	角	分	
附单据 张 合 计:																						

会计主管人员   记账   稽核   制单   出纳   交领款人

实操三:

2018 年 5 月 4 日,华达有限公司收到新雅布艺有限公司开具的增值税专用发票,列明为上月暂估入库的纯棉面料。按照合同约定,出纳员采用电汇方式予以付款。增值税专用发票如下所示(抵扣联略)。

证表 2-129

浙江增值税专用发票

发票联

No 3681389

开票日期： *2018年5月4日*

购货方	名　　称	华达有限公司						
	纳税人识别号：	9131022658792800I5						
	地址、电话：	上海市浦东新区342号 021-4854784I						密码区
	开户行及账号：	建设银行云桥支行 155010008815-1011						

货物或应税劳务名称	规格型号	单位	数量	单价	金额	税率	税额
纯棉面料	200cm	m	300	79.00	23 700.00	13%	3 081.00
合　　计					￥23 700.00		￥3 081.00

价税合计（大写）	⊗ 贰万陆仟柒佰捌拾壹圆整	（小写）￥26 781.00

销货方	名　　称	新雅布艺有限公司	
	纳税人识别号：	919I3014589284804	
	地址、电话：	杭州市西湖区458号 0571-16387450	备注
	开户行及账号：	工商银行西湖支行 21035481578I	

收款人：*冯凯*　　　　复核：*刘洋*　　　　开票人：*甄西*　　　　销货单位：（章）

第三联：发票联　购货方记账凭证

要求：（1）填写电汇凭证；
　　　（2）填写材料入库单；
　　　（3）编制记账凭证（为本月第7号凭证）；
　　　（4）登记材料明细账。

证表 2-130

中国建设银行 电汇凭证 （回 单）　　1

委托日期：　　　年　　月　　日

汇款人	全　称		收款人	全　称		
	账　号			账　号		
	汇出地点	省　　市/县		汇入地点	省　　市/县	
	汇出行名称			汇入行名称		

金额	人民币（大写）		亿 千 百 十 万 千 百 十 元 角 分

	附加信息及用途：
汇出行签章	复核　　　记账

此联是汇出行给汇款人的回单

证表 2-131

材料入库单

年　月　日

名称	规格	单位	数量		实际成本					第二联会计记账联
			应收	实收	买价		运杂费	其他	合计	
					单价	金额				
合　计										

主管：　　　　　　检验员：　　　　　　保管员：　　　　会计：

证表 2-132

通 用 记 账 凭 证

年　月　日　　　　　　　　　　　　　字第　　号

摘要	会计科目		借方金额									贷方金额									记账符号
	总账科目	明细科目	千	百	十	万	千	百	十	元	角	分	千	百	十	万	千	百	十	元	角	分	

附单据　　张　　　　合　　　计：

会计主管人员　　　记账　　　稽核　　　　制单　　　出纳　　　交领款人

证表 2-133

原材料明细账

编号	
名称	纯棉面料

计划价格：　　　　　　　　　　计量单位：　m

2018年		凭证编号		摘要	收入（借方）			支出（贷方）			余额		
月	日	字	号		数量	单价	金额 十万千百十元角分	数量	单价	金额 十万千百十元角分	数量	单价	金额 十万千百十元角分
4	1			期初余额							400	78	3 1 2 0 0 0 0
	6	记	15	购入材料	200	80	1 6 0 0 0 0 0				400 200	78 80	3 1 2 0 0 0 0 1 6 0 0 0 0 0
	25	记	32	领用材料				400 100	78 80	3 1 2 0 0 0 0 8 0 0 0 0 0	100	80	8 0 0 0 0 0

三、材料发出的会计核算

在实际成本计价核算下，企业发出的原材料应按实际成本结转。由于在实际成本计价核算下，企业每批入库的单位成本可能不同，因而应按照一定的计价方法确定发出材料的成本及期末结存材料的实际成本。如前所述，存货成本的计价方法有先进先出法、加权平均法等，因采用的存货成本计价方法不同，发出材料的成本和结存材料的成本也会有所不同。在原材料发出时，本着"谁受益、谁负担"的原则，按照领用部门和用途分别借记"生产成本""制造费用""管理费用""销售费用""在建工程"等账户，贷记"原材料"账户。

【情景展示】

晨曦服装有限公司为增值税一般纳税人，主要从事男士西装的生产和加工，原材料主要包括羊毛面料、法兰绒面料、黏合里衬、纽扣等。

公司地址：沈阳市大东区远景路 390 号

法定代表人：刘晨曦

统一社会信用代码：912101126568891588

开户银行：建设银行通力支行

银行账号：5215852182000550

联系电话：024-25669666

公司设有四人组成的财务部，财务部经理（会计主管）：张毅，负责财务部全面工作，并承担审核凭证、登记总账等工作；记账会计：冯琳，负责登记明细账；制单会计：刘蓉，负责编制记账凭证；出纳：张宇凡，负责库存现金、银行存款的收付业务及日记账的登记工作。原材料中羊毛面料和法兰绒面料的发出采用先进先出法计价，黏合里衬、纽扣、缝线的发出采用月末一次加权平均法计价。除此之外，还涉及的人员有生产部经理李宏达，生产部领料员孙爽，仓储部经理赵赫，保管员张宇。

2018 年 6 月 17 日，保管员张宇接到生产部通知，生产男士西装要求领用羊毛面料 2 500m，由领料员孙爽填制领料单，由保管员张宇签字，并交由生产部经理李宏达、仓储部经理赵赫审核。审核完毕后，保管员张宇将生产所用羊毛面料发送至生产车间，并将领料单送至公司财务部审核。领料单如下。

证表2-134

领 料 单

领用单位： **生产部**　　　　　　　　*2018年6月17日*　　　　　　　　编号：20180617

材料名称	规格型号	计量单位	请领数量	实发数量	总成本	
					单位成本	金额
羊毛面料	*150cm*	*m*	*2 500*	*2 500*		
合计			*2 500*	*2 500*		
用途	**生产男士西装**	领料部门		发料部门		财务部门
		负责人	领料人	核准人	发料人	会计
		李宪达	**孙爽**	**赵赫**	**张宇**	

【岗位分析】

　　财务部会计刘蓉取得相关原始凭证，做如下分析。

　　生产产品领用羊毛面料，生产部填制领料单并审核，单据填写齐全，审核流程无误，会计刘蓉在领料单签字，并根据原材料明细账确定发出材料成本。根据领料单列明的实际成本，借记"生产成本"账户，贷记"原材料"账户。

【背景知识】

　　材料按实际成本计价的方法有先进先出法、加权平均法、个别计价法。材料发出成本应根据采用的计价方法进行计算。按照领用部门和用途分别借记"生产成本""制造费用""管理费用""销售费用""在建工程"等账户，贷记"原材料"账户。

【任务实施】

　　步骤一：会计刘蓉根据原材料明细账，确定发出材料的成本。"原材料——羊毛面料"明细账如下。

证表2-135

原材料明细账

编号	
名称	**羊毛面料**

计划价格：　　　　　　　计量单位：　**m**

2018年		凭证编号		摘要	收入（借方）			支出（贷方）			余额		
月	日	字	号		数量	单价	金额 十万千百十元角分	数量	单价	金额 十万千百十元角分	数量	单价	金额 十万千百十元角分
6	1			期初余额							1 000	38	3 8 0 0 0 0 0
	11	记	12	购入材料	3 000	40	1 2 0 0 0 0 0 0				1 000 3 000	38 40	3 8 0 0 0 0 0 1 2 0 0 0 0 0 0
	18	记	26	购入材料	1 000	50	5 0 0 0 0 0 0				1 000 3 000 1 000	38 40 50	3 8 0 0 0 0 0 1 2 0 0 0 0 0 0 5 0 0 0 0 0 0

按照先进先出法的计算原则，所发出的 2 500m 羊毛面料是由期初的 1 000m 和本月 9 日第一批购入的 1 500m 构成，因此：

发出材料成本＝1 000×38＋1 500×40＝98 000（元）

发出材料的单位成本＝98 000÷2 500＝39.20（元）

会计刘蓉据以将领料单补充完整：

证表2-136

领 料 单

领用单位： **生产部**　　　　　　2018 年 6 月 17 日　　　　　　编号：20180617

材料名称	规格型号	计量单位	请领数量	实发数量	总成本	
					单位成本	金额
羊毛面料	150cm	m	1 000	1 000	38.00	38 000.00
			1 500	1 500	40.00	60 000.00
合计			2 500	2 500		98 000.00
用途	生产男士西装	领料部门		发料部门		财务部门
		负责人	领料人	核准人	发料人	会计
		李宪达	孙爽	赵赫	张宇	刘蓉

步骤二：审核原始凭证，确定会计科目。

根据原始凭证领料单，会计分录如下。

借：生产成本——基本生产成本（男士西装）　　98 000

　　贷：原材料——羊毛面料　　　　　　　　　　　　98 000

步骤三：编制记账凭证（为本月第 24 号凭证）。

证表2-137

通 用 记 账 凭 证

2018 年 6 月 17 日　　　　　　　　　记　字第 24 号

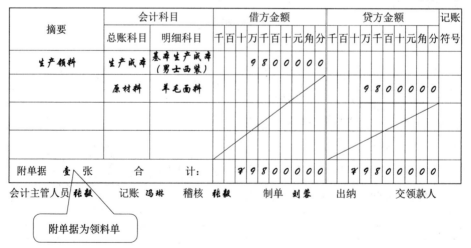

摘要	会计科目		借方金额	贷方金额	记账符号
	总账科目	明细科目	千百十万千百十元角分	千百十万千百十元角分	
生产领料	生产成本	基本生产成本（男士西装）	9 8 0 0 0 0 0		
	原材料	羊毛面料		9 8 0 0 0 0 0	
附单据 壹 张	合 计：		￥9 8 0 0 0 0 0	￥9 8 0 0 0 0 0	

会计主管人员 张毅　　记账 冯琳　　稽核 张毅　　　制单 刘蓉　　出纳　　　交领款人

附单据为领料单

步骤四：记账会计冯琳根据记账凭证登记原材料明细账（生产成本明细账略）。

证表 2-138

原材料明细账

				编号				
				名称	羊毛面料			

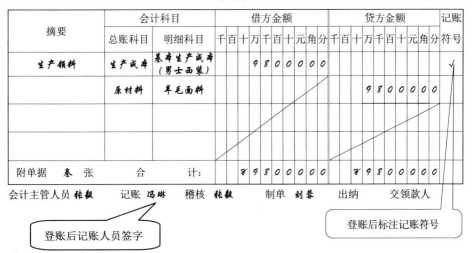

计划价格：　　　　　计量单位：m

2018年		凭证编号		摘要	收入（借方）			支出（贷方）			余额		
月	日	字	号		数量	单价	金额 十万千百十元角分	数量	单价	金额 十万千百十元角分	数量	单价	金额 十万千百十元角分
6	1			期初金额							1 000	38	3 8 0 0 0 0
	9	记	5	购入材料	3 000	40	1 2 0 0 0 0 0				1 000	38	3 8 0 0 0 0
											3 000	40	1 2 0 0 0 0 0
	12	记	15	购入材料	10 000	50	5 0 0 0 0 0				1 000	38	3 8 0 0 0 0
											3 000	40	1 2 0 0 0 0 0
											1 000	30	
	17	记	24	生产领料				1 000	38	3 8 0 0 0 0	1 500	40	6 0 0 0 0 0
								1 500	40	6 0 0 0 0 0	1 000	50	5 0 0 0 0 0

证表 2-139

通用记账凭证

2018 年 6 月 17 日　　　　　　　　　　记　字第 24 号

摘要	会计科目		借方金额	贷方金额	记账符号
	总账科目	明细科目	千百十万千百十元角分	千百十万千百十元角分	
生产领料	生产成本	基本生产成本（男士西装）	9 8 0 0 0 0		✓
	原材料	羊毛面料		9 8 0 0 0 0	
附单据　叁　张		合　　计：	￥9 8 0 0 0 0	￥9 8 0 0 0 0	

会计主管人员 张毅　　　记账 冯琳　　稽核 张毅　　　制单 刘蓉　　　出纳　　　　交领款人

登账后记账人员签字

登账后标注记账符号

【情景展示】

　　2018 年 6 月 30 日，晨曦服装有限公司保管员张宇接到生产部通知，生产男士西装要求领用 200cm 的黏合里衬 5 000m，由领料员孙爽填制领料单，由保管员张宇签字，并交由生产部经理李宏达、仓储部经理赵赫审核。审核完毕后，保管员张宇将生产所用黏合里衬发送至生产车间，并将领料单送至公司财务部审核。领料单如下。

证表 2-140

领 料 单

领用单位： **生产部**　　　　　　2018 年 6 月 30 日　　　　　　　　　　编号： *20180630*

材料名称	规格型号	计量单位	请领数量	实发数量	总成本	
					单位成本	金额
黏合里衬	*200cm*	*m*	*5 000*	*5 000*		
合计			*5 000*	*5 000*		
用途	*生产男士西装*	领料部门		发料部门		财务部门
		负责人	领料人	核准人	发料人	会计
		李宪达	*孙爽*	*赵赫*	*张宇*	

【岗位分析】

　　财务部会计刘蓉取得相关原始凭证，做如下分析。

　　生产产品领用黏合里衬，生产部填制领料单并审核，单据填写齐全，审核流程无误，会计刘蓉在领料单签字，并根据原材料明细账确定发出材料成本。根据领料单列明的实际成本，借记"生产成本"账户，贷记"原材料"账户。

【背景知识】

　　材料按实际成本计价的方法有先进先出法、加权平均法、个别计价法。材料发出成本应根据采用的计价方法进行计算。按照领用部门和用途分别借记"生产成本""制造费用""管理费用""销售费用""在建工程"等账户，贷记"原材料"账户。

【任务实施】

　　步骤一：会计刘蓉根据原材料明细账，确定发出材料的成本。"原材料——黏合里衬"明细账如下。

证表2-141

原材料明细账

		编号	
		名称	黏合里衬

计划价格：　　　　　　　　计量单位：　　m

2018年		凭证编号		摘要	收入（借方）									支出（贷方）									余额									
月	日	字	号		数量	单价	金额							数量	单价	金额							数量	单价	金额							
							十万	千	百	十	元	角	分			十万	千	百	十	元	角	分			十万	千	百	十	元	角	分
6	1			期初金额																			1 000	3.20		3	2	0	0	0	0
	14	记	19	材料入库	4 000	5		2	0	0	0	0	0										5 000								
	16	记	22	购入材料	3 000	3.13			9	3	9	0	0										8 000								

按照月末加权一次平均法的计算原则，月末一次性计算发出材料的加权平均单价：

$$加权平均单价 = \frac{3\,200 + 20\,000 + 93\,900}{1\,000 + 4\,000 + 3\,000} = 4.074（元）$$

$$发出材料的成本 = 5\,000 \times 4.074 = 20\,370（元）$$

会计刘蓉据以将领料单补充完整。

证表2-142

领 料 单

领用单位：　生产部　　　　　　2018年6月30日　　　　　　编号：20180630

材料名称	规格型号	计量单位	请领数量	实发数量	总成本	
					单位成本	金额
黏合里衬	200cm	m	5 000	5 000	4.074	20 370.00
合计			5 000	5 000		20 370.00
用途	生产男士西装	领料部门		发料部门		财务部门
		负责人	领料人	核准人	发料人	会计
		李宪达	孙爽	赵琳	张宇	刘蓉

步骤二：审核原始凭证，确定会计科目。

根据原始凭证领料单，会计分录如下。

借：生产成本——基本生产成本（男士西装）　　　　20 370

　　贷：原材料——黏合里衬　　　　　　　　　　　　　　20 370

步骤三：编制记账凭证（为本月第46号凭证）。

证表2-143

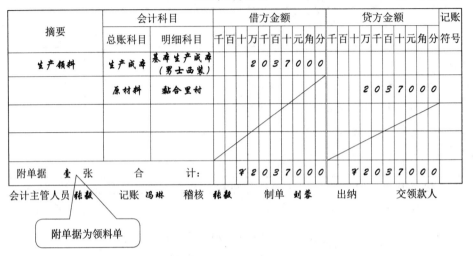

通用记账凭证

2018 年 6 月 30 日　　　　　　　　　　　　　　　记　字第 46 号

摘要	会计科目		借方金额	贷方金额	记账符号
	总账科目	明细科目	千百十万千百十元角分	千百十万千百十元角分	
生产领料	生产成本	基本生产成本（男士西装）	2 0 3 7 0 0 0		
	原材料	黏合里衬		2 0 3 7 0 0 0	
附单据 壹 张	合 计：		￥2 0 3 7 0 0 0	￥2 0 3 7 0 0 0	

会计主管人员 张毅　　　记账 冯琳　　　稽核 张毅　　　制单 刘蓉　　　出纳　　　交领款人

附单据为领料单

步骤四：记账会计冯琳根据记账凭证登记原材料明细账（生产成本明细账略）。

证表2-144

原材料明细账

编号	
名称	黏合里衬

计划价格：　　　　　　计量单位：m

2018年		凭证编号		摘要	收入（借方）			支出（贷方）			余额		
月	日	字	号		数量	单价	金额（十万千百十元角分）	数量	单价	金额（十万千百十元角分）	数量	单价	金额（十万千百十元角分）
6	1			期初金额							1 000	3.20	3 2 0 0 0 0
	14	记	19	购入材料	4 000	5	2 0 0 0 0 0 0				5 000		
	16	记	22	购入材料	3 000	3.13	9 3 9 0 0 0				8 000		
	30	记	46	生产领料				5 000			3 000		
	30			本月合计	7 000		2 9 3 9 0 0 0	5 000	4.074	2 0 3 7 0 0 0	3 000	4.074	1 2 2 2 2 0 0

证表2-145

通用记账凭证

2018年6月30日　　　　　　　　　　记　字第46号

摘要	会计科目		借方金额	贷方金额	记账符号
	总账科目	明细科目	千百十万千百十元角分	千百十万千百十元角分	
生产领料	生产成本	基本生产成本（男士西装）	2037000		√
	原材料	黏合里衬		2037000	
附单据　叁　张	合　　计：		￥2037000	￥2037000	

会计主管人员 张毅　　记账 冯琳　　稽核 张毅　　　制单 刘蓉　　　出纳　　　　交领款人

登账后记账人员签字

登账后标注记账符号

【拓展提升】

实训一：

2018年6月26日，保管员张宇接到生产部通知，生产男士西装要求领用型号为150cm的法兰绒面料1 600m。法兰绒面料6月1日库存400m，单价76元。6月10日，入库1 000m，单价80元；本月15日，入库1 500m，单价80元。法兰绒面料采用先进先出法核算发出材料成本。

实训要求：

（1）请根据相关资料，帮助领料员孙爽和会计刘蓉填写领料单；

（2）请帮助会计刘蓉编制记账凭证（为本月第36号凭证）；

（3）请帮助会计冯琳登记原材料明细账并结账。

证表2-146

领 料 单

领用单位：　　　　　　　　　年　月　日　　　　　　　　编号：

材料名称	规格型号	计量单位	请领数量	实发数量	总成本	
					单位成本	金额
	合计					
用途		领料部门		发料部门		财务部门
		负责人	领料人	核准人	发料人	会计

证表 2-147

通 用 记 账 凭 证

年　月　日　　　　　　　　　　　　　　　　　　字第　号

摘要	会计科目		借方金额	贷方金额	记账符号
	总账科目	明细科目	千百十万千百十元角分	千百十万千百十元角分	
附单据　张　　　　合　　计：					

会计主管人员　　　记账　　　稽核　　　　制单　　　　出纳　　　交领款人

证表 2-148

原 材 料 明 细 账

编号	
名称	法兰绒面料

计划价格：　　　　　　计量单位：　m

2018年		凭证编号		摘要	收入（借方）		金额	支出（贷方）		金额	余额		金额
月	日	字	号		数量	单价	十万千百十元角分	数量	单价	十万千百十元角分	数量	单价	十万千百十元角分
6	1			期初金额							400	76	3 0 4 0 0 0 0
	10	记	11	材料入库	1000	80	8 0 0 0 0 0				400	76	3 0 4 0 0 0 0
											1000	80	8 0 0 0 0 0
	15	记	15	材料入库	1500	80	1 2 0 0 0 0 0				400	76	3 0 4 0 0 0 0
											2500	80	2 0 0 0 0 0 0

实训二：

2018年6月30日，保管员张宇接到生产部通知，生产男士西装要求领用型号为18cm的纽扣2 600个。纽扣6月1日库存1 000个，单价1.6元。本月25日，入库4 000个，单价1.5元，分配的运费为240元。纽扣采用月末一次加权平均法核算发出材料成本。

实训要求：

（1）请根据相关资料，帮助领料员孙爽和会计刘蓉填写领料单；

（2）请帮助会计刘蓉编制记账凭证（为本月第47号凭证）；

（3）请帮助会计冯琳登记原材料明细账并结账。

证表 2-149

领 料 单

领用单位：　　　　　　　　　　　　　年　月　日　　　　　　　　　　编号：

材料名称	规格型号	计量单位	请领数量	实发数量	总成本	
					单位成本	金额
	合计					
用途		领料部门		发料部门		财务部门
		负责人	领料人	核准人	发料人	会计

证表 2-150

通 用 记 账 凭 证

　　　　　　　　　　　　　　　年　月　日　　　　　　　　　　字第　号

摘　要	会计科目		借方金额									贷方金额									记账 符号
	总账科目	明细科目	千	百	十	万	千	百	十	元	角	分	千	百	十	万	千	百	十	元	角	分	
附单据　　张　　合　　计：																						

会计主管人员　　　　　记账　　　　稽核　　　　制单　　　　出纳　　　交领款人

证表 2-151

原材料明细账

编号	
名称	*18mm 纽扣*

计划价格：　　　　　　　　计量单位：　　**个**

2018年		凭证编号		摘要	收入（借方）										支出（贷方）										余额										
月	日	字	号		数量	单价	金额									数量	单价	金额									数量	单价	金额							
							十	万	千	百	十	元	角	分			十	万	千	百	十	元	角	分			十	万	千	百	十	元	角	分
6	1			期初余额																						1 000	1.60		1	6	0	0	0	0
	25	记	32	购入材料	4 000	1.56		6	2	4	0	0	0												5 000								

【模拟实操】

华达有限公司是一家沙发生产企业，为增值税一般纳税人。其主要生产纯棉沙发和绒布沙发两种产品。其生产所用的主要材料有木材、高弹性海绵、纯棉面料、绒布面料、轻钉等。木材、高弹性海绵、轻钉的发出，采用月末一次加权平均法计价；纯棉面料、绒布面料的发出，采用先进先出法计价。

公司财务部经理刘涛，负责财务科全面工作；会计郑源负责审核凭证并登记总账；会计张浩负责编制记账凭证；会计张彬负责登记明细账；出纳吴亮。除此之外，还涉及的人员有采购员张旭，检验员李彤，材料保管员刘娜，仓储部经理郑艳红，生产部负责人姜维。

实操一：

2018年7月30日，生产部领料员冯雨欣从仓库领用240m的绒布面料，用于生产绒布沙发。绒布面料的期初余额和本期购入情况如明细账所示。

要求：（1）填制领料单；

（2）编制记账凭证（为本月第52号凭证）；

（3）将材料明细账补充完整，登记材料明细账并结账。

证表2-152

领 料 单

领用单位：　　　　　　　　年　月　日　　　　　　　编号：

材料名称	规格型号	计量单位	请领数量	实发数量	总成本	
					单位成本	金额
合计						

用途		领料部门		发料部门		财务部门
		负责人	领料人	核准人	发料人	会计

证表2-153

通用记账凭证

年　月　日　　　　　　　　　　　　　字第　号

摘要	会计科目		借方金额									贷方金额									记账符号
	总账科目	明细科目	千	百	十	万	千	百	十	元	角	分	千	百	十	万	千	百	十	元	角	分	

附单据　张　　　　合　　　　计：

会计主管人员　　　记账　　　　稽核　　　　制单　　　　出纳　　　　交领款人

证表2-154

原材料明细账

编号	
名称	绒布面料

计划价格：　　　　　　计量单位： m

2018年		凭证编号		摘要	收入（借方）										支出（贷方）										余额									
月	日	字	号		数量	单价	金额								数量	单价	金额								数量	单价	金额							
							十	万	千	百	十	元	角	分			十	万	千	百	十	元	角	分			十	万	千	百	十	元	角	分
7	1			期初余额																					120	250		3	0	0	0	0	0	0
	18	记	30	购入材料	200	280		5	6	0	0	0	0	0																				
	24	记	35	购入材料	280	251		7	0	2	8	0	0	0																				

实操二：

2018年7月30日，生产部领料员冯雨欣从仓库领用3mm木材36m^3，用于生产纯棉沙发。3mm木材的期初余额和本期购入情况如明细账所示。

要求：（1）填制领料单；

（2）编制记账凭证（为本月第53号凭证）；

（3）将材料明细账补充完整，登记材料明细账并结账。

证表2-155

领 料 单

领用单位：　　　　　　　　　　　　　　　年　月　日　　　　　　　　　　　编号：

材料名称	规格型号	计量单位	请领数量	实发数量	总成本	
					单位成本	金额
合计						

用途		领料部门		发料部门		财务部门
		负责人	领料人	核准人	发料人	会计

证表2-156

通 用 记 账 凭 证

年　　月　　日　　　　　　　　　　　　　　　字第　　号

摘要	会计科目		借方金额									贷方金额									记账
	总账科目	明细科目	千	百	十	万	千	百	十	元	角	分	千	百	十	万	千	百	十	元	角	分	符号
附单据　　张		合　　　计：																			

会计主管人员　　　　　记账　　　　　稽核　　　　　制单　　　　　出纳　　　　交领款人

证表2-157

原材料明细账

编号	
名称	**3mm 木材**

计划价格：　　　　　　　　　　　计量单位：　**m³**

2018 年		凭证编号		摘要	收入（借方）			支出（贷方）			余额		
月	日	字	号		数量	单价	金额 十 万 千 百 十 元 角 分	数量	单价	金额 十 万 千 百 十 元 角 分	数量	单价	金额 十 万 千 百 十 元 角 分
7	1			期初余额							20	1800	3 6 0 0 0 0
	9	记	12	购入材料	10	1800	1 8 0 0 0 0						
	17	记	27	购入材料	20	1630	3 2 6 0 0 0						

【情景展示】

　　宇航公司的原材料采用移动加权平均法计价。2018年6月，宇航公司甲材料的期初结存400件，单价50元。6月5日，企业购进甲材料200件，单价44元。6月12日，企业生产车间领用材料300件。6月20日，购进甲材料100件，单价46元。6月28日，企业管理部门领用甲材料50件。企业财务部根据有关业务，编制记账凭证，登记原材料明细账（记账凭证略）。

【岗位分析】

　　移动加权平均法要求，企业每购入一次计算一次加权平均单价。

【任务实施】

　　步骤一：

　　登记"原材料——甲材料"期初余额、6月5日购入原材料的借方发生额并计算余额。6月5日购入甲材料后，加权平均单价计算如下。

$$加权平均单价=\frac{400\times50+200\times44}{400+200}=48（元）$$

证表2-158

原材料明细账

				编号	
				名称	甲材料

计划价格：　　　　　　　　　　计量单位：　**件**

2018年		凭证编号		摘要	收入（借方）			支出（贷方）			余额		
月	日	字	号		数量	单价	金额（十万千百十元角分）	数量	单价	金额（十万千百十元角分）	数量	单价	金额（十万千百十元角分）
6	1			期初余额							400	50	2 0 0 0 0 0 0
	5	记	12	购入材料	200	44	8 8 0 0 0 0				600	48	2 8 8 0 0 0 0

　　步骤二：

　　根据记账凭证登记"原材料——甲材料"明细账6月12日发出材料的贷方发生额并计算余额。6月12日按照移动加权平均单价计算发出材料的实际成本。发出及结存材料成本计算如下。

　　6月12日领用甲材料实际成本 =300×48=14 400（元）

　　6月12日结存甲材料实际成本 =400×50+200×44-14 400=14 400（元）

证表2-159

原材料明细账

编号	
名称	甲材料

计划价格： 计量单位： 件

2018年 月	日	凭证编号 字	号	摘要	收入（借方）数量	单价	金额	支出（贷方）数量	单价	金额	余额 数量	单价	金额
6	1			期初余额							400	50	20000.00
	5	记	12	购入材料	200	44	8800.00				600	48	28800.00
	12	记	26	领用材料				300	48	14400.00	300	48	14400.00

步骤三：

根据记账凭证登记"原材料——甲材料"6月20日购入原材料的借方发生额并计算余额。6月20日购进甲材料100件后，加权平均单价计算如下。

$$加权平均单价 = \frac{14\,400 + 100 \times 46}{400 + 200 - 300 + 100} = 47.50（元）$$

证表2-160

原材料明细账

编号	
名称	甲材料

计划价格： 计量单位： 件

2018年 月	日	凭证编号 字	号	摘要	收入（借方）数量	单价	金额	支出（贷方）数量	单价	金额	余额 数量	单价	金额
6	1			期初余额							400	50	20000.00
	5	记	12	购入材料	200	44	8800.00				600	48	28800.00
	12	记	26	领用材料				300	48	14400.00	300	48	14400.00
	20	记	39	购入材料	100	46	4600.00				400	47.50	19000.00

步骤四：

根据记账凭证登记"原材料——甲材料"明细账6月28日发出材料的贷方发生额并计算余额。6月28日发出及结存材料成本计算如下：

6月28日领用甲材料实际成本 $= 50 \times 47.50 = 2\,375$（元）

6月28日结存甲材料实际成本 $= 14\,400 + 100 \times 46 - 14\,400 = 4\,600$（元）

证表 2-161

原材料明细账

编号	
名称	甲材料

计划价格：　　　　　计量单位：件

2018年 月	日	凭证编号 字	号	摘要	收入（借方） 数量	单价	金额	支出（贷方） 数量	单价	金额	余额 数量	单价	金额
6	1			期初余额							400	50	200000.00
	5	记	12	购入材料	200	44	8800.00				600	48	288000.00
	12	记	26	领用材料				300	48	14400.00	300	48	14400.00
	20	记	39	购入材料	100	46	4600.00				400	47.50	19000.00
	28	记	52	领用材料				50	47.50	2375.00	350	47.50	16625.00

步骤五：

结出月末"原材料——甲材料"明细账余额。

证表 2-162

原材料明细账

编号	
名称	甲材料

计划价格：　　　　　计量单位：件

2018年 月	日	凭证编号 字	号	摘要	收入（借方） 数量	单价	金额	支出（贷方） 数量	单价	金额	余额 数量	单价	金额
6	1			期初余额							400	50	200000.00
	5	记	12	购入材料	200	44	8800.00				600	48	288000.00
	12	记	26	领用材料				300	48	14400.00	300	48	14400.00
	20	记	39	购入材料	100	46	4600.00				400	47.50	19000.00
	28	记	52	领用材料				50	47.50	2375.00	350	47.50	16625.00
	30			本月合计	300		13400.00	350		16775.00	350	47.50	16625.00

【模拟实操】

振兴公司原材料按实际成本核算，发出材料按移动加权平均法计价。

该厂原材料总账账户所属明细账期初余额为 A 材料共 2 000kg，其单价为 5 元，总金额为 10 000 元。

2018 年 6 月份发生如下经济业务：

2 日，现付 1 号凭证，购入 A 材料 500kg，单价 5.1 元，材料验收入库。

4 日，转 1 号凭证，生产车间领用 A 材料 2200kg。

8 日，银付 4 号凭证，购入 A 材料 1 700kg，单价 5.2 元，材料验收入库。

15 日，转 5 号凭证，生产车间生产产品领用 A 材料 1 500kg。

20 日，转 13 号凭证，购入 A 材料 2 000kg，单价 5 元，材料验收入库。

22 日，转 19 号凭证，生产车间生产产品领用 A 材料 1 000kg。

要求：逐笔登记 A 材料明细账，并按规定结账（单位成本保留四位小数）。

证表2-163

原材料明细账

编号	
名称	

计划价格：　　　　　　　　　　计量单位：

年		凭证编号		摘要	收入（借方）									支出（贷方）									余额								
月	日	字	号		数量	单价	金额							数量	单价	金额							数量	单价	金额						
							十	万	千	百	十	元	角	分			十	万	千	百	十	元	角	分			十	万	千	百	十	元	角	分

四、材料盘存

材料盘存是指企业、事业行政机关等单位对其材料进行查对，以确定材料的实存数，查明账实是否相符的一种会计管理手段，又称材料的财产清查，其按进行清查的时间分为定期清查和不定期清查。

存货清查通常采用实地盘点的方法，即通过点数、过磅计量等方法核实存货的实际库存数，并与账面数核对，如果不符，则查明账实不符的原因，分清责任，并据以编制"存货盘点报告表"。

> **相关链接——永续盘存制**
>
> 　　永续盘存制，又称账面盘点制，是指企业设置各种有数量有金额的存货明细账，根据有关出入库凭证，逐日逐笔登记材料、产品、商品等的收发领退数量和金额，随时结出账面结存数量和金额。采用永续盘存制，可以随时掌握各种存货的收发、结存情况，有利于存货的各项管理。
>
> 　　为了核对存货账面记录，永续盘存制要进行存货实物盘点。盘点可定期或不定期进行，通常在生产经营活动的间隙盘点。会计年度终了，应进行一次全面的盘点清查，并编制盘点表，保证账实相符，如有不符应及时查明原因并及时处理。

【情景展示】

情景展示一：

晨曦服装有限公司月末组成四人的存货清查小组，成员为财务部经理（会计主管）张毅，记账会计冯琳，仓储部经理赵赫，材料保管员张宇。2018年6月30日进行存货清查时，冯琳登记的"原材料——缝线"明细账如下。

证表2-164

原材料明细账

编号	
名称	缝线

计划价格：　　　　　　计量单位：　个

2018年 月	2018年 日	凭证编号 字	凭证编号 号	摘要	收入（借方）数量	收入（借方）单价	收入（借方）金额	支出（贷方）数量	支出（贷方）单价	支出（贷方）金额	余额 数量	余额 单价	余额 金额
5	1			期初余额							400	4.30	172000
	6	记	5	购入材料	600	3.80	228000				1000		
	15	记	27	发出材料				800			200		
	31	记	45	估价入库	600	4	240000				800		
	31			本月合计	1200		468000	800	4	320000	800	4	320000
6	1	记	1	红字冲回	600	4	240000				200		80000
	4	记	4	购入材料	600	4.30	258000				800		
	25	记	25	购入材料	1000	4.16	416000				1800		

经仓库保管员盘点发现，企业账外缝线20个，评估作价4元，并将盘点结果填入"存货盘点报告表"。存货盘点报告表如下。

证表2-165

存货盘点报告表

单位名称：晨曦服装有限公司　　2018年6月30日

编号	类别及名称	规格或型号	计量单位	单价	账存 数量	账存 金额	实存 数量	实存 金额	盘盈 数量	盘盈 金额	盘亏 数量	盘亏 金额	备注
	缝线	40S/2	个	4	1800	7200.00	1820	7680.00	20	80.00			

盘点人（签章）张宇 冯琳　　　　　　　　会计主管（签章）张毅

【岗位分析】

财务部会计刘蓉取得相关原始凭证，做如下分析。

在原材料盘点时发现"原材料——缝线"盘盈，首先将清查结果的盘盈数转入"待处理财产损溢"账户，并同时增加原材料的账面价值，借记"原材料"账户，贷记"待处理流动资产损溢"账户。

【背景知识】

为核算存货清查中出现的盘盈、盘亏等，企业应设置"待处理财产损溢"账户，并在其账户下设置"待处理流动资产损溢"二级账户，该账户的借方反映存货盘亏、毁损数以及经过批准后结转的盘盈数；该账户的贷方反映存货的盘盈数及经批准转销的盘亏数；期末处理后本账户应无余额。

> **相关链接——出现存货盘亏的处理**
>
> 存货清查中出现盘亏时，首先要将清查结果的盘亏数转入"待处理财产损溢"账户，并同时减少原材料的账面价值，借记"待处理流动资产损溢"账户，贷记"原材料"账户。

【任务实施】

步骤一：审核原始凭证，确定会计科目。

根据原始凭证存货盘点报告表，会计分录如下。

借：原材料——缝线　　　　　　　　　　　　　　80

　　贷：待处理财产损溢——待处理流动资产损溢　　80

步骤二：编制记账凭证（为本月第49号凭证）。

证表2-166

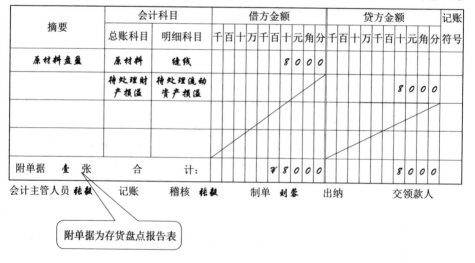

通用记账凭证

2018年6月30日　　　　　　　　　　　　　　　记　字第49号

摘要	会计科目		借方金额	贷方金额	记账符号
	总账科目	明细科目	千百十万千百十元角分	千百十万千百十元角分	
原材料盘盈	原材料	缝线	8000		
	待处理财产损溢	待处理流动资产损溢		8000	
附单据 壹 张	合　　　计：		8000	8000	

会计主管人员 张毅　　记账　　稽核 张毅　　制单 刘蓉　　出纳　　交领款人

附单据为存货盘点报告表

步骤三：记账会计冯琳根据记账凭证登记原材料明细账并结账（待处理财产损溢明细账略）。

证表 2-167

原材料明细账

编号	
名称	缝线

计划价格：　　　　　　　计量单位：　个

2018年 月	日	凭证 字	编号 号	摘要	收入（借方） 数量	单价	金额（十万千百十元角分）	支出（贷方） 数量	单价	金额	余额 数量	单价	金额
5	1			期初余额							400	4.30	1 7 2 0 0 0
	6	记	5	购入材料	600	3.80	2 2 8 0 0 0				1 000		
	15	记	27	发出材料				800			200		
	31	记	45	估价入库	600	4	2 4 0 0 0 0				800		
	31			本月合计	1 200		4 6 8 0 0 0	800	4	3 2 0 0 0 0	800	4	3 2 0 0 0 0
6	1	记	1	红字冲回	600		2 4 0 0 0 0				200		8 0 0 0 0
	4	记	4	购入材料	600	4.30	2 5 8 0 0 0				800		
	25	记	25	购入材料	1 000	4.16	4 1 6 0 0 0				1 800		
	30	记	49	材料盘盈	20	4	8 0 0 0				1 820		
	30			本月合计	1 020		4 4 2 0 0 0				1 820	4.19	7 6 2 5 8 0

$$加权平均单价 = \frac{3200 + 4420}{800 + 1020} = 4.19（元）$$

证表 2-168

通用记账凭证

2018 年 6 月 30 日　　　　　　　　　　　记　字第 49 号

摘要	会计科目 总账科目	明细科目	借方金额 千百十万千百十元角分	贷方金额 千百十万千百十元角分	记账符号
原材料盘盈	原材料	缝线	8 0 0 0		√
	待处理财产损溢	待处理流动资产损溢		8 0 0 0	
附单据　壹　张　　　合　　　计			￥ 8 0 0 0	￥ 8 0 0 0	

会计主管人员 张毅　　记账 冯琳　　稽核 张毅　　制单 刘蓉　　出纳　　　　交领款人

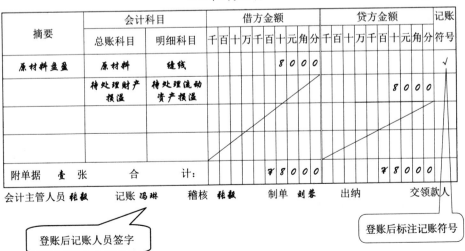

登账后记账人员签字

登账后标注记账符号

【情景展示】

情景展示二：

2018年6月30日进行存货清查时发现的缝线盘盈，经公司批准予以转销。仓库保管员填制的"清查结果审批意见表"如下。

证表2-169

原材料清查结果审批意见表

2018 年 6 月 30 日

账面余额	实有金额	清查结果		原因
		盘盈	盘亏	
7 200.00	7 280.00	80.00		计量差错
处理意见 冲减管理费用				
签名（盖章）张叔				

【岗位分析】

财务部会计刘蓉取得相关原始凭证，做如下分析。

仓库保管员已经将盘盈的原材料缝线上报批准，经批准后按规定将其盘盈数额从"待处理财产损溢"账户转入管理费用，借记"待处理流动资产损溢"账户，贷记"管理费用"账户。

【背景知识】

对于存货盘盈、盘亏，应按不同原因进行分别处理。盘盈的存货，经批准后可冲减管理费用。

> **相关链接——存货盘亏的转销**
>
> 盘亏的存货，经批准后，在扣除过失人或保险公司等赔偿和残料价值之后，可计入当期的管理费用；属于自然灾害造成的损失，应计入当期的营业外支出。

【任务实施】

步骤一：审核原始凭证，确定会计科目。

根据原始凭证存货盘点报告表，会计分录如下。

借：待处理财产损溢——待处理流动资产损溢   80

    贷：管理费用   80

步骤二：编制记账凭证（为本月第50号凭证）。

证表 2-170

通用记账凭证

2018 年 6 月 30 日　　　　　　　　　　　　　　　　　　记　字第 50 号

摘要	会计科目		借方金额	贷方金额	记账符号
	总账科目	明细科目	千百十万千百十元角分	千百十万千百十元角分	
材料盘盈批准转销	待处理财产损溢	待处理流动资产损溢	8 0 0 0		
	管理费用			8 0 0 0	
附单据 壹 张	合　　计：		￥8 0 0 0	￥8 0 0 0	

会计主管人员 张毅　记账　　稽核 张毅　制单 刘蓉　出纳　　交领款人

附单据为原材料清查结果审批意见表

相关链接——盘点前后需要完成的工作

①登记材料明细账；②结出结存材料的数量和金额；③实地盘点；④核实盘盈、盘亏和毁损的数量；⑤查明造成盘盈、盘亏和毁损的原因。

【拓展提升】

实训一：

2018 年 6 月 30 日，晨曦服装有限公司月末组成四人的存货清查小组对企业的库存材料进行盘点。2018 年 6 月 30 日进行存货清查时，冯琳登记的"原材料———30mm 纽扣"明细账如下：

证表 2-171

原材料明细账

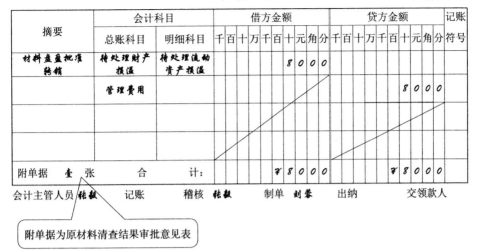

编号	
名称	30mm 纽扣

计划价格：　　　　　　　　计量单位：　个

2018 年		凭证编号		摘要	收入（借方）		金额	支出（贷方）		金额	余额		金额
月	日	字	号		数量	单价	十万千百十元角分	数量	单价	十万千百十元角分	数量	单价	十万千百十元角分
6	1			期初金额							2 000	3.20	6 4 0 0 0 0
	11	记	12	材料入库	1 000	2.90	2 9 0 0 0 0				3 000		
	18	记	26	购入材料	1 995	3.01	6 0 0 4 9 5				4 995	3.06	1 5 2 8 4 7 0

经盘点发现，30mm 组扣库存 4980 个。填制的存货盘点报告表如下：

证表2-172

存货盘点报告表

单位名称：晨曦服装有限公司　　　　2018 年 6 月 30 日

编号	类别及名称	规格或型号	计量单位	单价	账存		实存		盘盈		盘亏		备注
					数量	金额	数量	金额	数量	金额	数量	金额	
	纽扣	30mm	个	3.06	4 995	15 284.70	4 980	15 238.8			15	45.90	

盘点人（签章）　张宇 冯琳　　　　　　会计主管（签章）张毅

实训要求：

（1）请根据相关资料，帮助会计刘蓉编制记账凭证（为本月第51号凭证）；

（2）请帮助会计冯琳登记原材料明细账并结账。

证表2-173

通用记账凭证

年　　月　　日　　　　　　　　　　　字第　　号

摘要	会计科目		借方金额	贷方金额	记账符号
	总账科目	明细科目	千百十万千百十元角分	千百十万千百十元角分	
附单据　　张　　合　　计：					

会计主管人员　　　记账　　　稽核　　　制单　　　出纳　　　交领款人

证表2-174

原材料明细账

编号	
名称	30mm 纽扣

计划价格：　　　　　　　　　　计量单位：　个

2018年		凭证编号		摘要	收入（借方）			支出（贷方）			余额		
月	日	字	号		数量	单价	金额 十万千百十元角分	数量	单价	金额 十万千百十元角分	数量	单价	金额 十万千百十元角分
6	1			期初金额							2 000	3.20	6 4 0 0 0 0
	11	记	12	材料入库	1 000	2.90	2 9 0 0 0 0				3 000		
	18	记	26	购入材料	1 995	3.01	6 0 0 4 9 5				4 995		

实训二：

2018 年 6 月 30 日进行存货清查时发现的纽扣盘亏，经批准予以转销。

仓库保管员填制的"清查结果审批意见表"如下：

证表 2-175

原材料清查结果审批意见表

2018 年 6 月 30 日

账面余额	实有金额	清查结果		原因
		盘盈	盘亏	
15 284.70	15 238.8		45.90	计量差错

处理意见　计入管理费用

签名（盖章）张毅

实训要求：

请根据相关资料，帮助会计刘蓉编制记账凭证（为本月第 52 号凭证）。

证表 2-176

通用记账凭证

年　月　日　　　　　　　　　　　字第　号

摘要	会计科目		借方金额									贷方金额									记账符号
	总账科目	明细科目	千	百	十	万	千	百	十	元	角	分	千	百	十	万	千	百	十	元	角	分	
附单据　　张　　合　　计：																							

会计主管人员　　　记账　　　稽核　　　制单　　　出纳　　　交领款人

相关链接——存货清查时增值税的处理

对于因管理不善造成被盗、丢失、霉烂变质的货物非正常损失，其购进货物的进项税额不准予从销项税额中抵扣，在发现时要进行进项税额转出处理。

五、材料收、发、存综合实训

（一）企业基本资料

1. 企业信息

单位名称：沈阳新兴机械公司

统一社会信用代码：912101131170583652

地址：沈阳市沈北新区沈辽路 211 号

电话：024-52584155

开户银行：建设银行沈北支行

账号：110252451100060

2. 公司财务岗位设置

财务科长李军，负责财务科全面工作；会计王刚，负责审核凭证、登记总账等；会计郑旭，负责材料明细分类账簿登记及编制记账凭证；出纳彭博，负责库存现金、银行存款收付及日记账登记工作。

3. 仓库及车间有关人员

仓库负责人王丽，负责审核材料的收发工作及仓库全面工作；检验员刘玉；材料保管员李广宇，负责仓库物资保管收发并登记保管账簿；生产车间负责人孙海，负责生产部全面工作；生产车间核算员李明，负责材料领用核算工作。

（二）有关供应商基本资料

1. 沈阳顺发物资公司

统一社会信用代码：912101124896520257

地址：沈阳市浑南新区远宁路 46 号

电话：024-43852800

开户银行：工商银行浑南支行

账号：220358500025150

2. 天津钢铁有限公司

统一社会信用代码：919112014481583152

地址：天津市滨海新区渤海路 320 号

电话：022-53980850

开户银行：交通银行新区支行

账号：587458145880001

（三）会计政策

沈阳新兴机械公司为增值税一般纳税人，增值税税率为 13%，主要从事搬运车的生产，原材料主要包括钢板、圆钢、轮胎、后桥总成等。该企业按实际成本法核算存货的收发业务。原材料中后桥总成的发出采用先进先出法计价；钢板、圆钢、轮胎的发出采用月末一次加权平均法计价。

（四）2018年10月份部分材料期初余额表

证表2-177

材料名称	计量单位	库存数量	单位成本	总成本
圆钢	t	10	3 230.00	32 300.00
钢板	t	8	4 032.50	32 260.00
轮胎	套	20	510.00	10 200.00
后桥总成	套	50	825.00	41 250.00
合计	——	——	——	116 010.00

（五）实训要求

（1）根据有关经济业务填制原始凭证，并编制记账凭证；

（2）根据记账凭证登记原材料明细账并结账。

（六）2018年10月沈阳新兴机械公司发生的有关经济业务

（1）10月2日，收到从天津钢铁有限公司9月26日购入的圆钢40t，取得增值税专用发票注明单价3 200元，价款128 000元，增值税额20 480元，价税合计148 480元。采用电汇方式支付价税款。（为本月第5笔业务）

证表2-178

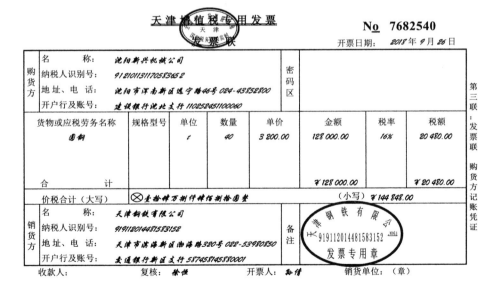

证表2-179

材料入库单

年　月　日

名称	规格	单位	数量		实际成本				
			应收	实收	买价		运杂费	其他	合计
					单价	金额			
合　计									

主管：　　　　　　检验员：　　　　　　保管员：　　　　会计：

第二联 会计记账联

证表2-180

中国建设银行　电汇凭证 （回　单）　　　1

委托日期：　　　年　　　月　　　日

汇款人	全　称		收款人	全　称	
	账　号			账　号	
	汇出地点	省　　市／县		汇入地点	省　　市／县
	汇出行名称			汇入行名称	
金额	人民币（大写）		亿 千 百 十 万 千 百 十 元 角 分		
			附加信息及用途：		
	汇出行签章		复核　　　　　记账		

此联是汇出行给汇款人的回单

证表2-181

通 用 记 账 凭 证

年　　月　　日　　　　　　　　　　　　字第　　号

摘要	会计科目		借方金额	贷方金额	记账符号
	总账科目	明细科目	千 百 十 万 千 百 十 元 角 分	千 百 十 万 千 百 十 元 角 分	
附单据　　张　　合　　计：					

会计主管人员　　　记账　　　稽核　　　制单　　　出纳　　　交领款人

（2）10月4日，收到从天津钢铁有限公司9月22日购入的钢板20t，货已抵达，增值税专用发票注明钢板单价4 000元，价款合计80 000元，增值税额10 400元，价税合计90 400元。取得运费发票注明运价1 000元，增值税90元。材料已验收入库，货款尚未支付。（为本月第12笔业务）

证表2-182

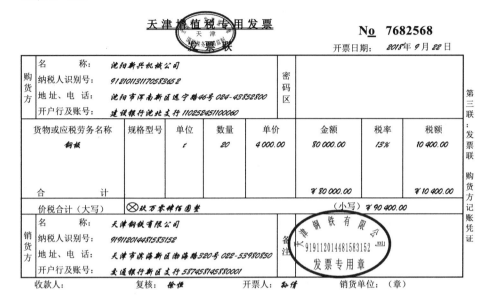

证表2-183

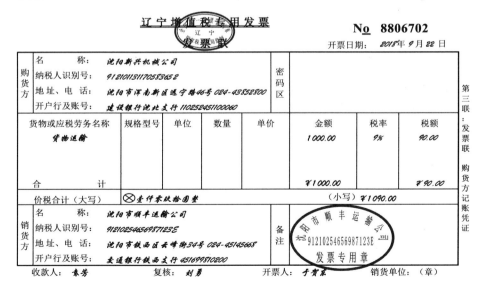

证表2-184

材料入库单

年　月　日

名称	规格	单位	数量		实际成本					第二联会计记账联
			应收	实收	买价		运杂费	其他	合计	
					单价	金额				
合　计										

主管：　　　　　检验员：　　　　　保管员：　　　　会计：

证表2-185

通 用 记 账 凭 证

年　月　日　　　　　　　字第　号

摘要	会计科目		借方金额									贷方金额									记账符号
	总账科目	明细科目	千	百	十	万	千	百	十	元	角	分	千	百	十	万	千	百	十	元	角	分	
附单据　张　合　计：																						

会计主管人员　　　记账　　　稽核　　　　制单　　　　出纳　　　交领款人

（3）10月7日，采购员持银行本票到沈阳顺发物资公司购入后桥总成50套，取得增值税专用发票，注明单价800元，价款合计40 000元，增值税款为5 200元，价税合计45 200元。货物尚未收到。（为本月第19笔业务，银行本票略）

证表 2-186

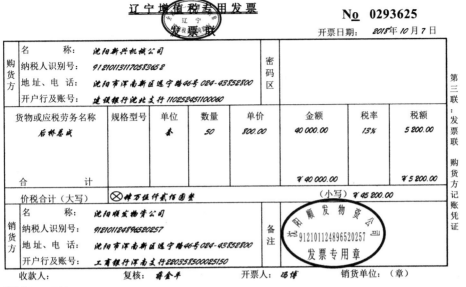

辽宁增值税专用发票

发票联

No 0293625

开票期日：2018年10月7日

购货方	名　　称：	沈阳新兴机械公司				密码区		
	纳税人识别号：	91210131170583652						
	地址、电话：	沈阳市浑南新区迎宁路46号 024-43852800						
	开户行及账号：	建设银行沈北支行 11025245110060						

货物或应税劳务名称	规格型号	单位	数量	单价	金额	税率	税额
后桥总成		套	50	800.00	40 000.00	13%	5 200.00
合　　　　计					￥40 000.00		￥5 200.00

价税合计（大写）	⊗肆万伍仟贰佰圆整	（小写）￥45 200.00

销货方	名　　称：	沈阳顺发物资公司	备注	
	纳税人识别号：	91210112489652025		
	地址、电话：	沈阳市浑南新区迎宁路46号 024-43852800		
	开户行及账号：	工商银行浑南支行 2203585002 5150		

沈阳顺发物资公司
91210112489652025 7
发票专用章

收款人：　　　　　复核：蒋金平　　　　开票人：冯博　　　　销货单位：（章）

第三联：发票联　购货方记账凭证

证表 2-187

通用记账凭证

年　月　日　　　　　　　　　　　　　　字第　　号

摘要	会计科目		借方金额										贷方金额										记账符号
	总账科目	明细科目	千	百	十	万	千	百	十	元	角	分	千	百	十	万	千	百	十	元	角	分	
附单据　　张	合　　　　计：																						

会计主管人员　　　　记账　　　　稽核　　　　制单　　　　出纳　　　　交领款人

（4）10月10日，从沈阳顺发物资公司购入轮胎100套，材料已抵达，发票注明单价450元，价款合计45000元，增值税款5850元，价税合计50850元，材料验收入库，签发转账支票支付价税款。（为本月第26笔业务）

证表 2-188

辽宁增值税专用发票

发票联

<u>No</u> 0293633

开票日期: 2018年 10 月 10 日

购货方	名　　　称:	沈阳新兴机械公司							
	纳税人识别号:	91210131170583652				密码区			
	地址、电话:	沈阳市浑南新区远宇路46号 024-43852800							
	开户行及账号:	建设银行沈北支行 11025245100060							

货物或应税劳务名称	规格型号	单位	数量	单价	金额	税率	税额
轮胎		套	100	450.00	45 000.00	13%	5 850.00
合　　　计					￥45 000.00		￥5 850.00
价税合计（大写）	⊗伍万零捌佰伍拾圆整				(小写) ￥50 850.00		

销货方	名　　　称:	沈阳顺发物资公司	
	纳税人识别号:	91210112489652 0257	备注
	地址、电话:	沈阳市浑南新区远宇路46号 024-43852800	
	开户行及账号:	工商银行浑南支行 22035850002515 0	

收款人: 　　复核: 蒋金平 　　开票人: 冯博 　　销货单位: (章)

证表 2-189

中国建设银行	中国建设银行 **转账支票**		07683410
转账支票存根	出票日期（大写）　　年　月　日		
07683410		付款行名称:	
附加信息	收款人:	出票人账号:	
	人民币（大写）	亿千百十万千百十元角分	
出票日期　年　月　日	用途		
收款人:	上列款项请从		
金额:	我账户内支付		
用途:	出票人签章　　复核　　记账		
单位主管　会计			

本支票付款期限十天

证表 2-190

材料入库单

年　月　日

名称	规格	单位	数量		实际成本				
			应收	实收	买价		运杂费	其他	合计
					单价	金额			
合　计									

主管: 　　检验员: 　　保管员: 　　会计:

证表 2-191

通用记账凭证

年　月　日　　　　　　　　　　　　字第　　号

摘要	会计科目		借方金额									贷方金额									记账符号
	总账科目	明细科目	千	百	十	万	千	百	十	元	角	分	千	百	十	万	千	百	十	元	角	分	
附单据　张　　合　　　计:																						

会计主管人员　　　　记账　　　　稽核　　　　　制单　　　　出纳　　　　交领款人

（5）10月15日，车间生产搬运车领用圆钢20t，领用钢板12t。

证表 2-192

领 料 单

领用单位：　　　　　　　　　　年　　月　　日

材料名称	规格型号	计量单位	请领数量	实发数量	总成本	
					单位成本	金额
合计						
用途		领料部门		发料部门		财务部门
		负责人	领料人	核准人	发料人	会计

（6）10月16日，从沈阳顺发物资公司购入的50套后桥总成已抵达，办理验收入库。（为本月第36笔业务）

证表 2-193

材料入库单

年　月　日

名称	规格	单位	数量		实际成本					第二联会计记账联
			应收	实收	买价		运杂费	其他	合计	
					单价	金额				
合计										

主管：　　　　　　检验员：　　　　　　保管员：　　　　　会计：

证表 2-194

<h2 style="text-align:center">通用记账凭证</h2>

年　月　日　　　　　　　　　　　　字第　　号

摘要	会计科目		借方金额	贷方金额	记账符号
	总账科目	明细科目	千百十万千百十元角分	千百十万千百十元角分	
附单据　　张　　合　　　计：					

会计主管人员　　　记账　　　稽核　　　制单　　　出纳　　　交领款人

（7）10 月 26 日，收到从天津钢铁有限公司购入的圆钢 10t，货已抵达，取得增值税专用发票注明单价 3 000 元，价款 30 000 元，增值税额为 3 900 元，价税合计 33 900 元。经审核后开出三个月银行承兑汇票。另以现金支付运费 880 元，取得增值税专用发票注明税款 79.2 元。（为本月第 42 笔业务）

证表 2-195

<h3 style="text-align:center">天津增值税专用发票　　　No 7682552</h3>

发票联　　　　　　开票日期：2018 年 10 月 26 日

购货方	名　称：	沈阳新兴机械公司				密码区		
	纳税人识别号：	912101131170583652						
	地址、电话：	沈阳市浑南新区远宁路46号 024-4352800						
	开户行及账号：	建设银行沈北支行11025245110060						

货物或应税劳务名称	规格型号	单位	数量	单价	金额	税率	税额
圆钢		t	10	3 000.00	30 000.00	13%	3 900.00
合　　　计					￥30 000.00		￥3 900.00
价税合计（大写）	⊗叁万叁仟玖佰圆整				（小写）￥33 900.00		

销货方	名　称：	天津钢铁有限公司		备注	
	纳税人识别号：	91911201448158315			
	地址、电话：	天津市滨海新区渤海路320号 022-53980850			
	开户行及账号：	交通银行新区支行 58745814558000			

收款人：　　　　复核：徐恒　　　　开票人：和津　　　　销货单位：（章）

第三联：发票联　购货方记账凭证

证表 2-196

辽宁增值税专用发票
发票联

No 8806843

开票日期: 2018年 10月 26日

购货方		
名 称	沈阳新兴机械公司	
纳税人识别号	91210113117058365 2	
地址、电话	沈阳市浑南新区迁宁路46号 024-43852800	
开户行及账号	建设银行沈北支行 11025245110060	密码区

货物或应税劳务名称	规格型号	单位	数量	单价	金额	税率	税额
货物运输					880.00	9%	79.20
合 计					880.00		￥79.20

价税合计(大写)	⊗玖佰伍拾玖圆贰角整	(小写) ￥959.20

销货方		
名 称	沈阳市顺丰运输公司	
纳税人识别号	91210254656987123E	
地址、电话	沈阳市铁西区长峰街34号 024-45145668	备注
开户行及账号	交通银行铁西支行 45169810200	

收款人: 袁芳   复核: 刘易   开票人: 于贺东   销货单位:(章)

证表 2-197

银行承兑汇票(存 根)   3

汇票号码 050217

出票日期   年   月   日
(大写)

付款人	全 称		收款人	全 称												
	账 号			账 号												
	开户银行			开户银行												
出票金额	人民币 (大写)				亿	千	百	十	万	千	百	十	元	角	分	
汇票到期日 (大写)			付款人 开户行	行号												
承兑协议编号				地址												
			备注:													

此联出票人存查

证表2-198

通 用 记 账 凭 证

年　月　日　　　　　　　　　　　　　字第　号

摘要	会计科目		借方金额	贷方金额	记账符号
	总账科目	明细科目	千百十万千百十元角分	千百十万千百十元角分	
附单据　　张　　合　　　计：					

会计主管人员　　　　记账　　　　稽核　　　　制单　　　　出纳　　　　交领款人

（8）10月30日，车间生产搬运车领用圆钢10t，领用轮胎80套，领用后桥总成80套。（为本月第51笔业务）

证表2-199

领 料 单

领用单位：　　　　　　　　　　　年　　月　　日

材料名称	规格型号	计量单位	请领数量	实发数量	总成本	
					单位成本	金额
	合计					
用途		领料部门		发料部门		财务部门
		负责人	领料人	核准人	发料人	会计

证表2-200

通 用 记 账 凭 证

年　月　日　　　　　　　　　　　　　字第　号

摘要	会计科目		借方金额	贷方金额	记账符号
	总账科目	明细科目	千百十万千百十元角分	千百十万千百十元角分	
附单据　　张　　合　　　计：					

会计主管人员　　　　记账　　　　稽核　　　　制单　　　　出纳　　　　交领款人

证表 2-201

原材料明细账

编号	
名称	圆钢

计划价格：　　　　　　　　计量单位：

年		凭证编号		摘要	收入（借方）			支出（贷方）			余额		
月	日	字	号		数量	单价	金额 十 万 千 百 十 元 角 分	数量	单价	金额 十 万 千 百 十 元 角 分	数量	单价	金额 十 万 千 百 十 元 角 分

证表 2-202

原材料明细账

编号	
名称	轮胎

计划价格：　　　　　　　　计量单位：

年		凭证编号		摘要	收入（借方）			支出（贷方）			余额		
月	日	字	号		数量	单价	金额 十 万 千 百 十 元 角 分	数量	单价	金额 十 万 千 百 十 元 角 分	数量	单价	金额 十 万 千 百 十 元 角 分

证表 2-203

原材料明细账

编号	
名称	后桥总成

计划价格：　　　　　　　　计量单位：

年		凭证编号		摘要	收入（借方）			支出（贷方）			余额		
月	日	字	号		数量	单价	金额 十 万 千 百 十 元 角 分	数量	单价	金额 十 万 千 百 十 元 角 分	数量	单价	金额 十 万 千 百 十 元 角 分

项目三　制造业企业库存商品相关岗位概述

重点关注：（1）库存商品保管业务流程；
　　　　　（2）库存商品销售业务流程；
　　　　　（3）库存商品收、发、存的核算。

能力内容一　库存商品保管业务实务

◆**能力目标**

了解库存商品保管岗位的工作流程。

◆**岗位引领**

企业的仓储保管部门需要有专职人员按规定做好库存商品进出库的验收、记账和发出工作，随时掌握库存状态，保证库存商品及时入库与发出，提高存货的周转效率。

本节实训目标岗位：产品成本核算员、保管员。

【**情景展示**】

晨曦服装有限公司的仓储部负责原材料和库存商品的收发、保管。有关库存商品保管业务的流程如图 3-1 所示。

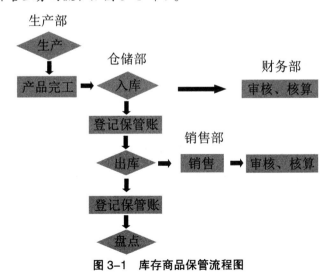

图 3-1　库存商品保管流程图

一、制造业企业库存商品保管机构设置

制造业企业出于规范内部控制的需要，通常单独设置库存商品保管机构，如仓储部、保管科等。库存商品保管机构主要为销售部门服务，为企业生产完工的库存商品办理入库及向销售客户发出库存商品等，并对生产部门生产的产品质量进行控制。企业单独设置库存商品保管机构，能够有效控制生产过程中发生的不合理损耗，检验产品质量，可以对生产部门加以约束和考核。有些不具备单独设置材料保管机构条件的企业，也可以在营销部门等行政部门内设置产品成本核算员和材料保管员，以方便库存商品收发记录、进行控制监管。

在实际工作中，仓储部门的产品成本核算员和保管员之间，岗位界限并不必严格划分，其职责主要包括以下几项。

①负责入库产品的检查验收，填制产成品入库单，登记库存商品保管账；

②负责出库产品的检查核对，按产成品出库单出货，登记库存商品保管账；

③严格按照有关标准进行仓库管理；

④坚持凭单下账，保证账目清晰，坚持日清月结；

⑤定期进行账实核对，确保账、卡、物相符；

⑥确定合理的产品存货定额，掌握库存商品的收发结存情况。

二、库存商品保管岗位实训

【情景展示】

晨曦服装有限公司仓储部由三人组成，分别是仓储部经理赵赫，仓库保管员张宇、王海滨。仓库保管员张宇、王海滨分别负责材料的收发存管理和库存商品的收发存管理。

2018 年 6 月 28 日，生产部生产完工的男士西装 850 套收入库存商品保管库，其具体环节如下。

环节一：办理库存商品验收入库手续。仓库保管员王海滨接到生产部通知，850 套男士西装已生产完工。仓库保管员王海滨与生产部职员刘旭鹏一同根据入库清单清点收货。王海滨与刘旭鹏共同检验货品状况，通过检查，货物状况完好。检验完毕后，王海滨在入库清单上签收。

环节二：填制产成品入库单。男士西装入库后，由王海滨填制产成品入库单，并交由仓储部经理赵赫审核，审核完毕后，再将产成品入库单送至公司财务部审核。填制的产成品入库单如下。

证表 3-1

产成品入库单

2018 年　*6* 月　*28* 日

交货部门：**生产车间**　　　　　　　　　　　　　编号：　*20180628*

名称	规格	单位	数量	单位成本	金额	备注	②会计记账
男士西装		**套**	*850*				
合计			*850*				

仓库负责人：**赵赫**　　　　　　　入库经手人：**王海滨**

相关链接 —— 产成品入库单

　　产成品入库单反映了企业产成品入库情况，由仓库保管员开具。一般为一式四联，一联为财务统计联；一联为财务记账联，是成本会计进行产成品入库账务处理的原始依据；一联为仓库记账联；一联为车间统计联。产成品一般在入库时无法确定产品的总成本和单位成本，因此在填制产成品入库单时，一般只有数量，没有单价和金额。

　　环节三：登记库存商品保管账。保管员王海滨根据产成品入库单，及时登记库存商品保管账。登记的库存商品保管账如下。

证表 3-2

库存商品保管账

第1页

编号	*201*
名称	**男士西装**
材质	**法兰绒面料**
规格	

计量单位：　**套**
计划单价：＿＿＿＿

2018年 月	日	凭证号	摘要	进货实际单价	收入数量	发出数量	核对号	结存 数量	金额 千	百	十	万	千	百	十	元	角	分
1	*1*		**上年结转**					*30*										
	27	（略）	**入库**		*600*			*630*										
	30	（略）	**销售**			*420*		*210*										
	31		**库月合计**		*600*	*420*												
2	*17*	（略）	**入库**		*400*			*610*										
			（略）															
5	*31*		**库月合计**		*700*	*680*		*150*										
6	*28*	（略）	**入库**		*850*			*1 000*										

根据产成品入库单的数量填写

逐笔结出余额，便于随时掌握成品库存情况

> **相关链接——库存商品保管账**
>
> 　　库存商品保管账是仓库保管员为记录库存商品收、发、存所登记的台账，用以确保库存商品账实相符。库存商品要严格对照库存商品类别、名称，凭产成品入库单登记收入，凭产成品出库单登记发出，做到日清月结。日常登记保管账过程中一般只记数量不记金额。保管员需要定期对库存商品进行盘点，并与财务部门登记的库存商品明细账核对相符。

　　环节四：填制产成品出库单。6 月 29 日，仓库保管员王海滨接到销售部郭金鑫的发货需求，向腾宇服装商贸公司销售男士西装 400 套。产成品出库单由销售部职员郭金鑫填制，并由仓库保管员王海滨、仓储部经理赵赫签字认可。填制的库存商品出库单如下。

证表 3-3

库存商品出库单

2018 年 6 月 29 日

用途： **销售**　　　　　　　　　　　　　　　　　　仓库：　**产成品库**

名称	规格	单位	数量	单位成本	金额	备注	②会计记账
男士西装		**套**	**400**				
合计			**400**				

仓库负责人：**赵赫**　　　出库经手人：**王海滨**　　　　　提货人：　**郭金鑫**

> **相关链接——库存商品出库单**
>
> 　　库存商品出库单是企业核算库存商品出库情况的原始单据。库存商品出库单由销售人员开具，一式四联，第一联为存根联，由销售部门留存备查；第二联为记账联，会计部门据以报账；第三联为结算联，交提货人；第四联为发货联，仓储部门据此发货。

　　环节五：办理库存商品出库。仓库保管员王海滨接到销售部出库通知，严格依据库存商品出库单核对备货数量，然后联系物流公司准备将 400 套男士西装运送至腾宇服装商贸公司。

　　环节六：登记库存商品保管账。保管员张宇根据领料单，及时登记库存商品保管账。登记的库存商品保管账如下。

证表 3-4

库存商品保管账

第　1　页

编号	201
名称	男士西装
材质	法兰绒面料
规格	

计量单位：　　　　套
计划单价：＿＿＿＿＿＿

2018年		凭证号	摘要	进货实际单价	收入数量	发出数量	核对号	结存									
月	日							数量	金额								
									千	百	十	万	千	百	十	元	角	分
1	1		上年结转					30										
	27	（略）	入库		600			630										
	30	（略）	销售			420		210										
	31		本月合计		600	420												
2	17	（略）	入库		400			610										
					（略）													
5	31		本月合计		700	680		150										
6	28	（略）	入库		850			1 000										
	29	（略）	销售			400		600										

根据库存商品出库单的数量填写

环节七：对库存商品进行定期盘点。每天出入库库存商品以后，仓库保管员王海滨均需进行盘点，以保证存货数量的准确性。所有库存商品，王海滨每半年盘点一次。对于比较重要的存货，每个月盘点一次。王海滨进行盘点的内容如下。

①查数量，核对账、卡、物是否一致，数量是否准确；

②查质量，检查库存物资的质量有无变化；

③查保管条件，检查有无影响物资保管质量的不良因素；

④查计量工具，检查计量工具是否会导致计量差错；

⑤查安全，检查仓库是否有安全隐患。

【岗位演练】

实训一：

华达有限公司是一家沙发生产企业。2018 年 7 月 25 日，其生产部生产完工纯棉布艺沙发 20 套，仓储部的材料保管员刘娜将产成品验收入库，并填写产成品入库单，交由仓储部经理郑艳红审核。

要求：请你代保管员刘娜填制产成品入库单，并据以登记库存商品保管账。

证表 3-5

产成品入库单

年 月 日

交货部门：   编号：

名称	规格	单位	数量	单位成本	金额	备注	②会计记账
合计							

仓库负责人：   入库经手人：

证表 3-6

库存商品保管账

第 **2** 页

编号	3001
名称	
材质	
规格	

计量单位：＿＿＿＿＿＿

计划单价：＿＿＿＿＿＿

2018年		凭证号	摘要	进货实际单价	收入数量	发出数量	核对号	结存										
月	日							数量	千	百	十	万	千	百	十	元	角	分
5	12		承前页					65										
				(略)														
7	10	(略)	入库		30			76										

实训二：

2018 年 7 月 27 日，华达有限公司销售部职员周慧提出发货申请，万鑫家具公司需要采购纯棉布艺沙发 32 套，销售部周慧填制库存商品出库单，并由仓储部经理郑艳红、保管员刘娜签字认可。

要求：请你代销售部周慧填制库存商品出库单，并据以登记库存商品保管账。

证表 3-7

库存商品出库单

年 月 日

用途：   仓库：

名称	规格	单位	数量	单位成本	金额	备注	②会计记账
合计							

仓库负责人：   入库经手人：   提货人：

证表 3-8

库存商品保管账

第 **2** 页

		编号	3001
		名称	
计量单位：_____		材质	
计划单价：_____		规格	

2018年		凭证号	摘要	进货实际单价	收入数量	发出数量	核对号	结存										
月	日							数量	金额									
									千	百	十	万	千	百	十	元	角	分
5	12		承前页					65										
					(略)													
7	10	(略)	入库		30			76										
	25	(略)	入库		20			96										

◆ **实训小结**

（1）通过模拟产品成本核算员、库存商品保管员的职位，使学生熟悉库存商品收、发、存业务流程；

（2）让学生掌握产品成本核算员、库存商品保管员的基本单据的填写；

（3）让学生了解仓储人员的职业素养要求。

能力内容二　库存商品销售业务实务

◆ **能力目标**

了解存货销售岗位的工作流程。

◆ **岗位引领**

销售库存商品是整个存货管理流程的最终目标。一个好的销售员可以提高销售工作效率，为公司取得更大的效益。

本节实训目标岗位：销售员、销售核算员。

【情景展示】

晨曦服装有限公司所设的销售部负责库存商品的收发、保管。有关库存商品销售业务的流程如图 3-2 所示。

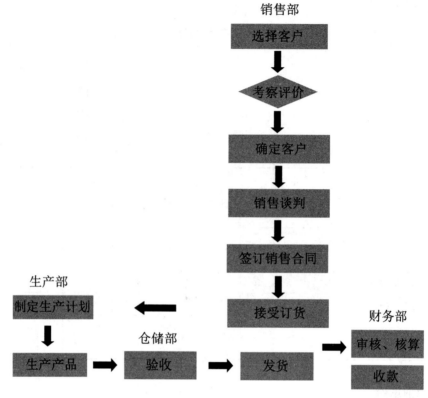

图 3-2　库存商品销售流程图

一、制造业企业销售机构设置

制造业企业是以盈利为目的，从事工业生产经营活动或提供工业性劳务的经济组织。制造业企业供产销链条比较完整，中型以上的制造业企业更有完善的销售机构、完整的销售业务流程、规范的销售人员职责。

制造业企业销售机构根据公司规模设置的繁简程度不同，有的企业单独设置销售机构；有的企业将销售机构直接隶属于企业办公室。总的来说，该机构主要负责材料、产品的销售；合理选择客户，及时将企业的库存商品实现对外销售，保证资金回流。企业销售机构人员，应选择稳定可靠的客户并对销售过程进行严格的控制，确保企业生产的产品能够及时对外销售，提高存货的周转效率。

销售员和销售核算员的职责主要包括以下几项。

①熟悉行业知识、企业知识和产品知识并掌握销售知识与技能；

②维护老客户、拓展新客户，扩大销售客户群，提升销售业绩；

③确定销售目标，拟定销售计划，完成日常销售工作；

④填开增值税专用发票、产品出库单等原始凭证，核算产品销售成本；

⑤查验产品的的品质和数量，办理交验、报账手续；

⑥与客户有关交货期、交货量等方面进行沟通协调。

二、库存商品销售岗位实训

【情景展示】

晨曦服装有限公司销售部由三人组成，分别是销售经理刘旭，销售主管周铭，销售员郭金鑫。

2018 年 6 月，公司销售部确定腾宇服装商贸公司为销售客户，根据业务需要，向腾宇服装商贸公司销售男士西装 400 套，具体销售环节如下。

环节一：开拓市场，选择客户。腾宇服装商贸公司为本市规模比较大的服装销售公司，该公司信誉度高，服装需求量大。经多方考察，本公司确定该公司为销售客户，力争拓宽销售渠道，与腾宇服装商贸公司达成合作。

环节二：销售谈判。经销售经理刘旭批示，由销售主管周铭和销售员郭金鑫前往腾宇服装商贸公司进行销售谈判。二人携带公司的产品资料和样品，于 2018 年 6 月 14 日拜访腾宇服装商贸公司，对公司的概况和产品情况进行了详尽介绍，并诚恳邀请腾宇服装商贸公司成为我公司的客户。本公司工作人员通过与腾宇服装商贸公司总经理张向东和采购部经理吴景明的洽谈，达成一致意见，腾宇服装商贸公司同意从我公司采购男士西装。销售员郭金鑫与客户腾宇服装商贸公司对有关购销业务事项进行反复磋商，包括男士西装的规格、技术标准、订购数量、质量标准、售后服务、价格、交货时间和地点、运输方式、付款条件等。从准备到正式洽谈，最终成交。

环节三：签订销售合同。经过销售谈判，晨曦服装有限公司与客户腾宇服装商贸公司达成协议，由销售员郭金鑫与对方公司采购部经理吴景明签订销售合同。

证表 3-9

销售合同

甲方：晨曦服装有限公司

乙方：腾宇服装商贸公司

甲乙双方本着公平、公正的原则，依据相关法律、法规的规定，制定如下购货合同。

一、乙方向甲方购买男士西装。

二、材料要求、单价及数量：

羊毛面料：面料成分为法兰绒面料，里料为黏合里衬，采用现代工艺生产，合格产品约 400 套，单价为 1 800 元 / 套，计 720 000 元（柒拾贰万元）。

三、付款方式：

货物到场验收并清点清楚后三日内，乙方向甲方交纳全部货款。

四、甲方责任：

甲方根据乙方所提供的供货资料，严格按照相关要求及技术规定，确保产品合格并及时交付给乙方使用。

五、乙方责任：

乙方给甲方提供一份详细的有关产品技术资料及数量，乙方保证货款及时到位。货物到场验收并清点清楚后三日内，乙方将货款转到甲方指定账户。

六、违约责任：

甲乙双方签订合同后，为严格按照合同各款履约，如有一方违约，违约方需支付一方违约金，即总货款的 10%，并承担因违约引起的相关法律责任。

甲方（章）：晨曦服装有限公司	乙方（章）：腾宇服装商贸公司
纳税人识别号：210112650889158	纳税人识别号：210111254815012
地址：沈阳市大东区远景路 390 号	地址：锦宁市渤海大街 56 号
联系电话：024 83369666	联系电话：3767452
开户银行：建设银行通义支行	开户银行：工商银行凌云支行
账号：5215852182000550	账号：3451125
授权代表：郭金鑫	授权代表：吴景明
日期：2018 年 6 月 19 日	日期：2018 年 6 月 19 日

环节四：填制与审核产品出库单、增值税专用发票。6 月 29 日，销售员郭金鑫填写产品出库单，仓库发货。产成品出库单前已述及。同时，销售员郭金鑫向腾宇服装商贸公司开具增值税专用发票，并由销售主管周铭审核。增值税专用发票如下。

证表 3-10

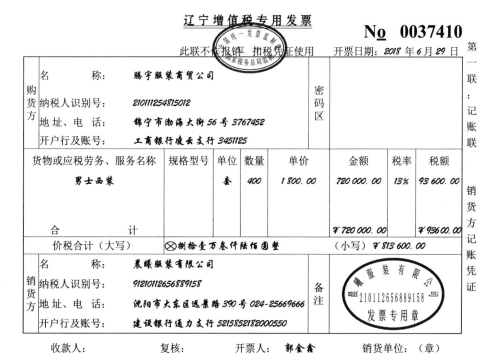

环节五：向客户发货。销售员郭金鑫依据库存商品出库单核对备货数量，联系物流公司准备将 400 套男士西装运送至腾宇服装商贸公司。

环节六：收款。根据销售合同规定，货物到场验收并清点清楚后三日内，乙方向甲方交纳全部货款。如若未按期收到款项，销售员郭金鑫将对腾宇服装商贸公司进行催款。

【岗位演练】

实训一：

华达有限公司为沙发生产企业，纳税人识别号为 310226587928001，地址为上海市浦东新区 342 号，电话为 021-48547841，开户银行为华夏银行云桥支行，账号为 155010008815-1011。

2018 年 7 月 27 日，华达有限公司销售部职员周慧提出发货申请，万鑫家具公司需要采购纯棉布艺沙发 32 套，单价 4 500 元，金额 144 000 元，增值税税率 16%，增值税额 23 040 元。销售部周慧填制增值税专用发票，并由销售部主任陶颖审核签字。

万鑫家具公司纳税人识别号为 310226025154815，地址为上海市浦东新区科苑路 24 号，电话为 021-48541250，开户银行为建设银行沅江支行，账号为 15512050005410。

要求：请你代销售部周慧填制增值税专用发票。

证表 3-11

实训二：

华达有限公司前销售员李红，在公司工作期间头脑灵活，性格开朗，公司安排其负责 A 公司、B 公司的产品销售和维护。李红与客户关系非常融洽，特别是与 A 公司采购部经理关系甚好。开始半年多时间，该客户的业务量逐渐增长，但是不久以后，A 公司的回款就频频出现问题，每次李红都说自己一直在催讨货款，但是 A 公司由于财务问题未能及时还款。公司因此而逐渐减少了对 A 公司的订单量。半年后，李红离职到另一家沙发生产销售企业工作，并带走了 A 公司的全部订单。

要求：分析销售员李红的行为违反了销售员的什么职业道德。

相关链接——销售人员的职业素养要求

通晓业务，优质服务；
平等互惠，诚信无欺；
当好参谋，指导消费；
公私分明，廉洁奉公。
在商务活动中，销售人员必须遵守实事求是、信用至上、奉公守法等基本准则。

◆**实训小结**

（1）通过模拟销售员的职位，使学生熟悉库存商品销售业务流程；

（2）使学生掌握销售员有关业务的基本单据填写；

（3）使学生了解销售人员的职业素养要求。

能力内容三 库存商品会计核算实务

◆**能力目标**

掌握库存商品收、发、存的核算。

◆**岗位引领**

库存商品核算岗位主要是核算企业的库存商品完工入库、销售和盘点等业务。库存商品的收、发、存业务涉及企业成本会计的知识，库存商品的价值管理对于企业利润会产生重大影响。库存商品核算岗位属于企业财务部门较为重要的会计岗位，需要会计人员具备较强的业务能力和精湛的专业知识。

本节实训目标岗位：存货会计。

一、库存商品核算岗位会计知识储备

在前面章节所训练的内容中，我们已经基本了解了有关仓储部门和销售部门的库存商品收发流程，但有关部门的库存商品收发业务最终都要交由财务部门进行会计核算。有关库存商品收发业务的一般流程如图3-3所示。

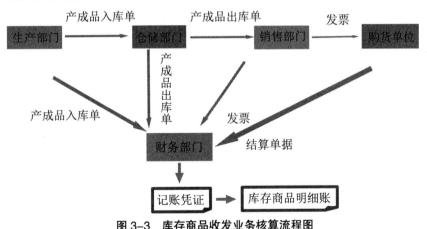

图3-3 库存商品收发业务核算流程图

（一）库存商品核算岗位涉及的原始凭证

1. **库存商品收入的原始凭证**

库存商品收入是指将企业购入或生产完工的库存商品按规定手续验收入库。企业收入的库存商品主要有外购、自制、委托加工收回等不同来源。收货部门（仓

库）对存货办理验收入库时，应填制规定的原始凭证。该原始凭证主要包括货款结算凭证和库存商品入库凭证。库存商品入库凭证主要是产成品入库单。

产成品入库单亦称收料单，是制造业企业自产产品等物料入库验收时，由仓库验收人员填制的原始凭证。产成品入库单一般为一式四联，一联为财务统计联；一联为财务记账联，是成本会计进行产成品入库账务处理的原始依据；一联为仓库记账联；一联为车间统计联。产成品一般在入库时无法确定产品的总成本和单位成本，因此在填制产成品入库单时，一般只有数量，没有单价和金额。产成品入库单如下所示。

证表 3-12

产成品入库单

年　月　日

交货部门：　　　　　　　　　　　　　　　　　　　编号：

名称	规格	单位	数量	单位成本	金额	备注	②会计记账
合计							

仓库负责人：　　　　　　　　　　　　　　　　入库经手人：

2. 库存商品发出的原始凭证

库存商品发出是指企业将对外出售或其他方式消耗而领用的库存商品。发出库存商品需要有关部门办理领用手续，填制相关凭证，仓库要登记领用库存商品的名称、规格、数量等，并由有关部门和人员签字盖章，以明确责任。库存商品发出的原始凭证主要是库存商品出库单。

库存商品出库单是企业核算库存商品出库情况的原始单据。库存商品出库单由销售人员开具，一式四联，第一联为存根联，由销售部门留存备查；第二联为记账联，交会计部门据以报账；第三联为结算联，交提货人；第四联为发货联，仓储部门据此发货。库存商品出库单如下所示。

证表 3-13

库存商品出库单

年　月　日

用途：　　　　　　　　　　　　　　　　　　　仓库：

名称	规格	单位	数量	单位成本	金额	备注	②会计记账
合计							

仓库负责人：　　　　　　出库经手人：　　　　　　提货人：

3. 库存商品销售的原始凭证

库存商品销售是企业将生产完工的产成品对外出售的过程。库存商品销售将增加企业的主营业务收入，而回款方式根据合同的签订条款会有所不同。库存商品销售的原始凭证主要包括货款结算凭证和增值税发票。增值税发票有增值税专用发票和增值税普通发票两种。

增值税专用发票是由国家税务总局监制设计印制的，只限于增值税一般纳税人领购使用的，既是作为纳税人反映经济活动的重要会计凭证又是兼记销货方纳税义务和购货方进项税额的合法证明。增值税专用发票的基本联次为三联，第一联是记账联，为销货方记账凭证；第二联是抵扣联，为购货方扣税凭证；第三联是发票联，为购货方记账凭证。增值税专用发票如图 3-4 所示。

上海增值税专用发票 No 5861550

第一联：记账联 销货方记账凭证

此联不作报销和税扣证使用　　开票日期：　年 月 日

购货方	名　　称：					密码区			
	纳税人识别号：								
	地址、电话：								
货物或应税劳务、服务名称	规格型号	单位	数量	单价		金额	税率	税额	
合　　　　计									
价税合计（大写）					（小写）￥				
销货方	名　　称：					备注			
	纳税人识别号：								
	地址、电话：								
	开户行及账号：								

收款人：　　　　　复核：　　　　开票人：　　　　　销货单位：（章）

上海增值税专用发票 No 5861550

抵扣联

第二联：抵扣联 购货方扣税凭证

开票日期：　年 月 日

购货方	名　　称：					密码区			
	纳税人识别号：								
	地址、电话：								
货物或应税劳务、服务名称	规格型号	单位	数量	单价		金额	税率	税额	
合　　　　计									
价税合计（大写）					（小写）￥				
销货方	名　　称：					备注			
	纳税人识别号：								
	地址、电话：								
	开户行及账号：								

收款人：　　　　　复核：　　　　开票人：　　　　　销货单位：（章）

图 3-4　增值税专用发票样式

上海增值税 专用发票

发 票 联

№ **5861550**

开票日期： 年 月 日

购货方	名　称： 纳税人识别号： 地址、电话：			密码区				
货物或应税劳务、服务名称	规格型号	单位	数量	单价	金额	税率	税额	
合　　　计								
价税合计（大写）				（小写）￥				
销货方	名　称： 纳税人识别号： 地址、电话： 开户行及账号：			备注				

收款人：　　　　　复核：　　　　　开票人：　　　　　销货单位：（章）

续图 3-4

（二）库存商品核算岗位涉及的账簿及格式

1. **库存商品明细账**

库存商品明细账一般采用数量金额式账页，库存商品明细账如下所示。在实际成本核算时，对库存商品的收入、发出和销售，平时只登记数量不登记金额，每月终了时再计算入库商品的实际成本，对发出和销售的产成品或商品，可采用先进先出法、加权平均法、个别计价法等方法确定其实际成本。

证表 3-14

库 存 商 品 明 细 账

类别：　　　　品名：　　　　规格：　　　　计量单位：　　　　存放地点：

年		凭证编号	摘要	借方										贷方										余额										
月	日			数量	单位成本	金额								数量	单位成本	金额								数量	单位成本	金额								
						十	万	千	百	十	元	角	分			十	万	千	百	十	元	角	分			十	万	千	百	十	元	角	分

2. 生产成本明细账

生产成本明细账一般采用多栏式账页进行登记，一般在借方分设多栏，根据实际需要设置"直接材料""直接人工""制造费用"等明细项目。如果没有贷方发生额栏，在生产成本账户发生贷方金额时可在借方用红字登记。生产成本明细账如下所示。

证表 3-15

生产成本明细账

生产车间：

明细科目：

年		凭证号数	摘要	借方金额	直接材料	燃料及动力	直接人工	制造费用	合计
月	日								

（三）库存商品核算岗位涉及的账户

1. "库存商品"账户

（1）本账户主要用于核算企业库存商品、产品的增减变化及结存情况。

（2）本账户可按商品的类别和品名进行明细核算。

（3）制造业企业产品生产完工验收入库时，根据计算的产品成本，借记"库存商品"账户；企业销售产品时，根据发出产品的实际成本，贷记"库存商品"账户。"库存商品"账户的期末余额，反映期末库存商品结存的实际成本。

2. "生产成本"账户

（1）本账户用于核算企业生产各种产品、自制材料等所发生的各项生产费用。

（2）本账户设置"基本生产成本""辅助生产成本"两个明细账户，并按各成本核算对象进行明细核算。

（3）制造业企业生产产品，根据月份内发生的全部生产费用，借记"生产成本"账户；企业产品生产完工验收入库时，根据应结转的完工产品的实际成本，贷记"生产成本"账户。"生产成本"账户的期末余额，反映生产过程中尚未完工的在产品实际生产成本。

3. "主营业务成本"账户

（1）本账户核算企业因销售商品、提供劳务或让渡资产使用权等日常活动而发生的实际成本。

（2）本账户按照主营业务的种类设置明细账，从而进行明细核算。

（3）制造业企业销售产品，根据已经实现销售的商品的成本，借记"主营业务成本"账户；月末根据期末结转到"本年利润"账户的数额，贷记"主营业务成本"账户。"主营业务成本"账户期末结转后无余额。

（四）库存商品发出的计价方法

库存商品发出时，可采用先进先出法、加权平均法、个别计价法等确定其实际成本。库存商品发出的计价方法与原材料发出的计价方法相同，在此不再赘述。

二、库存商品入库的核算实训

通过材料费用、燃料动力费用、人工费用、制造费用等的归集分配，应计入本月产品成本的生产费用都归集在了"生产成本——基本生产成本"账户及其相关的成本计算对象的成本计算单中。月末按产品完工程度结转完工入库产品成本。

（1）如果某种产品本月全部生产完工，无月末在产品，则计入该产品的生产费用全部为完工产品成本。按该产品的全部生产费用，借记"库存商品"账户，贷记"生产成本"账户。

（2）如果某种产品本月全部未生产完工，则计入该产品的生产费用全部为月末在产品成本。由于无完工产品，则不必结转完工入库产品成本。月末在产品成本即为"生产成本——基本生产成本"账户的余额。

（3）如果某种产品本月既有完工产品，又有月末在产品，则要计入该产品的生产费用，月末应采用一定的方法，在完工产品和月末在产品之间分配，以计算完工产品成本及月末在产品成本。常用的分配方法有在产品不计算成本法、在产品成本按年初数固定计算法、约当产量法、在产品成本按所耗用原材料费用计算法、在产品成本按定额成本计算法和定额成本比例法等。按计算出的完工产品成本，借记"库存商品"账户，贷记"生产成本"账户。计算公式如下。

本月完工产品成本＝月初在产品成本＋本月生产费用－月末在产品成本

【情景展示】

晨曦服装有限公司为增值税一般纳税人，其主要从事男士西装的生产和加工，原材料主要包括羊毛面料、法兰绒面料、黏合里衬、纽扣等。

公司地址：沈阳市大东区远景路 390 号

法定代表人：刘晨曦

纳税人识别号：912101126568891588

开户银行：建设银行通力支行

银行账号：5215852182000550

联系电话：024-25669666

公司设有四人组成的财务部，四人分别为财务部经理（会计主管）张毅，负责财务部全面工作，并承担审核凭证、登记总账等工作；记账会计冯琳，负责登记明细账；制单会计：刘蓉，负责编制记账凭证；出纳张宇凡，负责库存现金、银行存款的收付业务及日记账的登记工作。完工产品和月末在产品之间的分配采用在产品不计算成本法。库存商品的发出按照月末一次加权平均法计价。

2018 年 6 月初无在产品，本月投入生产的 850 套男士西装全部完工入库。

2018 年 6 月 28 日，仓库保管员王海滨将生产部生产完工的男士西装 850 套收入库存商品保管库。由王海滨填制产成品入库单，并交由仓储部经理赵赫审核，审核完毕后，将产成品入库单送至公司财务部审核。填制的产成品入库单如下。

证表 3-16

产成品入库单

2018 年 6 月 28 日

交货部门：**生产车间**　　　　　　　　　　　　　编号：20180628

名称	规格	单位	数量	单位成本	金额	备注	②会计记账
男士西装		**套**	*850*				
合计			*850*				

仓库负责人：**赵赫**　　　　　　　　　入库经手人：**王海滨**

财务部刘蓉根据领料单所知，本月生产法兰绒面料男士西装耗用材料费用为 382 500 元；根据工资费用分配表所知，本月生产法兰绒面料男士西装产生的直接人工费为 450 500 元；根据制造费用分配表所知，本月生产法兰绒面料男士西装结转的制造费用为 17 000 元。已上账目均已做相应账务处理。原始凭证略。

【岗位分析】

财务部会计刘蓉取得相关原始凭证，做如下分析。

通过有关资料分析可以得出企业本月法兰绒面料男士西装的生产费用。月末需要编制产品成本计算单确定完工产品成本。因为完工产品和月末在产品之间的分配采用在产品不计算成本法，所以本月生产费用即为完工产品成本。根据计算的完工产品成本，借记"库存商品"账户，贷记"生产成本"账户。

【背景知识】

在产品不计算成本法，是指月末不计算在产品的成本，即假定月末没有在产品，本月应负担的各项费用均由完工产品成本负担。这种方法适用于各月末在产品数量很少的情况。

【任务实施】

步骤一：根据领料单、工资费用分配表、制造费用分配表，填制产品成本计算单，将产成品入库单补充完整。

证表 3-17

产品成本计算单

车间名称：生产车间
产品名称：男士西装

2018 年 6 月 30 日

（法兰绒面料）

摘要	直接材料	直接人工	制造费用	合计
月初在产品成本				
本月生产费用	382 500.00	450 500.00	17 000.00	850 000.00
生产费用合计	382 500.00	450 500.00	17 000.00	850 000.00
单位成本	450.00	530.00	20.00	1 000.00
本月完工产品成本	382 500.00	450 500.00	17 000.00	850 000.00
月末在产品成本				

单位成本=生产费用合计÷完工产品数量

证表 3-18

产成品入库单

2018 年 6 月 28 日

交货部门：生产车间 　　　　　　　　　　　编号：20180628

名称	规格	单位	数量	单位成本	金额		
男士西装		套	850	1 000.00	850 000.00	备注	②会计记账
合计			850		850 000.00		

仓库负责人：赵赫 　　　　　　　　　　　　入库经手人：王海滨

根据产品成本计算单的单位成本填写

步骤二：审核原始凭证，确定会计科目。

根据原始凭证产品成本计算单和产成品入库单，会计分录如下。

借：库存商品——男士西装　　　　　　　　　　　 850 000

　　贷：生产成本——基本生产成本（男士西装）　 850 000

步骤三：编制记账凭证（为本月第 62 号凭证）。

证表 3-19

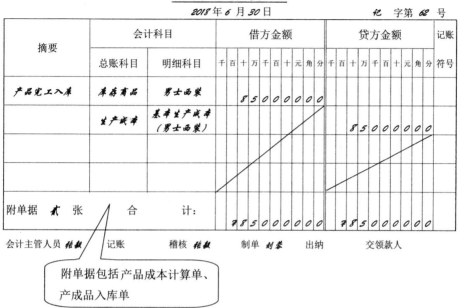

通 用 记 账 凭 证

2018 年 6 月 30 日　　　　　　　　　　　记　字第 62 号

摘要	会计科目		借方金额	贷方金额	记账符号
	总账科目	明细科目	千百十万千百十元角分	千百十万千百十元角分	
产品完工入库	库存商品	男士西装	8 5 0 0 0 0 0 0		
	生产成本	基本生产成本（男士西装）		8 5 0 0 0 0 0 0	
附单据 贰 张　　合　　计：			￥8 5 0 0 0 0 0 0	￥8 5 0 0 0 0 0 0	

会计主管人员 张敏　　记账　　　稽核 张敏　　　制单 刘蕊　　出纳　　　　交领款人

附单据包括产品成本计算单、产成品入库单

步骤四：记账会计冯琳根据记账凭证登记库存商品明细账、生产成本明细账。

证表 3-20

库 存 商 品 明 细 账

类别：产成品　　　品名：男士西装　　　规格：　　　计量单位：套　　　存放地点：仓库

2018年		凭证编号	摘要	借方			贷方			余额		
月	日			数量	单位成本	金额 十万千百十元角分	数量	单位成本	金额 十万千百十元角分	数量	单位成本	金额 十万千百十元角分
6	1		期初余额							150	1 020	1 5 3 0 0 0 0 0
	30	记62	产品完工入库	850	1 000	8 5 0 0 0 0 0 0				1 000		

证表 3-21

生产成本明细账

生产车间：**基本生产车间**
明细科目：**男士西装**

2018年		凭证号数	摘要	借方金额				
月	日			直接材料	燃料及动力	直接人工	制造费用	合计
6	30	（略）	分配材料费用	382 500.00				382 500.00
	30	（略）	分配工资费用			450 500.00		450 500.00
	30	（略）	结转制造费用				17 000.00	17 000.00
	30	记62	完工产品入库	382 500.00		450 500.00	17 000.00	850 000.00

证表 3-22

通 用 记 账 凭 证

2018 年 6 月 30 日　　　　记 字第 62 号

摘要	会计科目		借方金额	贷方金额	记账符号
	总账科目	明细科目	千百十万千百十元角分	千百十万千百十元角分	
产品完工入库	库存商品	男士西装	8 5 0 0 0 0 0 0		√
	生产成本	基本生产成本（男士西装）		8 5 0 0 0 0 0 0	√
附单据 贰 张　　合　计：			8 5 0 0 0 0 0 0	8 5 0 0 0 0 0 0	

会计主管人员 张敏　记账 冯州　稽核 张敏　制单 刘婷　出纳 张宇凡　交领款人

登账后记账人员签字

登账后标注记账符号

【拓展提升】

宏发公司生产甲产品，采用约当产量法分配完工产品和月末在产品的生产费用。生产过程中所用材料投料率为100%，其他费用随加工进度陆续发生，在产品完工程度为50%。企业由刘婷进行成本核算，编制记账凭证。

2018年9月1日生产成本——基本生产成本（甲产品）账户余额为1 250元，其中直接材料1 000元，直接人工100元，制造费用150元。月初在产品40kg，本月投入180kg，完工200kg，月末在产品20kg。9月1日库存甲产品10kg，单位成本96元，金额960元，采用全月一次加权平均法核算发出产品成本。2018年9月有关业务如下。

（1）25日，记45号凭证，生产甲产品领用原材料10 000元。

（2）30日，记56号凭证，分配工资费用5 000元，其中生产甲产品工人工资 2000 元，管理人员工资 3 000 元。

（3）30 日，记 57 号凭证，结转制造费用 3 000 元。

（4）30 日，记 59 号凭证，将完工甲产品验收入库。

实训要求：

（1）请根据相关资料，帮助会计刘婷填写产品成本计算单和产成品入库单；

（2）请帮助会计刘婷编制甲产品完工入库的记账凭证（为本月第 59 号凭证）；

（3）请根据相关资料，登记生产成本明细账并结账；

（4）请根据相关资料，登记库存商品明细账。

证表 3-23

产品成本计算单

车间名称：

产品名称：　　　　　　　　　　　年　　月　　日

摘要	直接材料	直接人工	制造费用	合计
月初在产品成本				
本月生产费用				
生产费用合计				
单位成本				
本月完工产品成本				
月末在产品成本				

证表 3-24

产成品入库单

年　　月　　日

交货部门：　　　　　　　　　　　　　　　　　　编号：20180050

名称	规格	单位	数量	单位成本	金额	备注	②会计记账
合计							

仓库负责人：　　　　　　　　　　　　　　　　入库经手人：

证表 3-25

通 用 记 账 凭 证

年　　月　　日　　　　　　　　　　　　　　字第　　号

摘要	会计科目		借方金额	贷方金额	记账符号
	总账科目	明细科目	千百十万千百十元角分	千百十万千百十元角分	
附单据　　张　　合　　计：					

会计主管人员　　　　记账　　　稽核　　　　制单　　　　出纳　　　交领款人

证表 3-26

生产成本明细账

年		凭证号数	摘要	借方金额				
月	日			直接材料	燃料及动力	直接人工	制造费用	合计

证表 3-27

库存商品明细账

类别：　　　　　品名：　　　　　规格：　　　　　计量单位：　　　　　存放地点：

年		凭证编号	摘要	借方											贷方											余额										
月	日			数量	单位成本	金额									数量	单位成本	金额									数量	单位成本	金额								
						十	万	千	百	十	元	角	分			十	万	千	百	十	元	角	分			十	万	千	百	十	元	角	分		

相关链接 —— 约当产量法

约当产量法，是指月末首先要将在产品数量按完工程度折合为完工产品数量，成为在产品约当产量，然后按照完工产品数量和月末在产品约当产量的比例，分配生产费用，计算完工产品和月末在产品的成本。采用约当产量法的计算公式如下。

在产品约当产量＝月末在产品数量 × 完工（投料）程度

$$各项费用分配率＝\frac{月初在产品费用 + 本月发生费用}{完工产品数量 + 月末在产品约当产量}$$

完工产品费用＝完工产品数量 × 各项费用分配率

月末在产品费用＝月末在产品约当产量 × 各项费用分配率

如果费用分配率不能整除，为避免尾差，在计算月末在产品费用时，应采用倒减的方式，计算公式如下。

月末在产品费用＝月初在产品费用＋本月发生费用－完工产品费用

【模拟实操】

华达有限公司是一家沙发生产企业，为增值税一般纳税人，其主要生产纯棉沙发和绒布沙发两种产品。生产所用的主要材料有木材、高弹性海绵、纯棉面料、绒布面料、轻钉等。采用约当产量法分配完工产品和月末在产品成本。生产过程中所用材料投料率为100%，其他费用随加工进度陆续发生，在产品完工程度为 50%。

公司财务部经理刘涛，负责财务科全面工作；会计郑源，负责审核凭证并登记总账；会计张浩，负责编制记账凭证；会计张彬，负责登记明细账；出纳吴亮。

（1）2018 年 7 月 10 日，生产部生产完工纯棉布艺沙发 30 套；25 日，生产部生产完工纯棉布艺沙发 20 套，仓储部的材料保管员刘娜将产成品验收入库，并填写产成品入库单，交由仓储部经理郑艳红审核。

纯棉布艺沙发本月全部生产完工，无月末在产品。本月生产纯棉布艺沙发耗用材料费用 90 000 元；负担直接人工费 65 000 元；结转的制造费用 3 000 元。"库存商品——纯棉布艺沙发"明细账期初结存数量 46 套，单位成本 3 200 元，金额 147 200 元。

要求：（1）填制产品成本计算单，并将产成品入库单补充完整；

（2）编制记账凭证（为本月第 60 号凭证）；

（3）登记库存商品明细账。

证表 3-28

产品成本计算单

车间名称：

产品名称：　　　　　　　　　　年　月　日

摘要	直接材料	直接人工	制造费用	合计
月初在产品成本				
本月生产费用				
生产费用合计				
单位成本				
本月完工产品成本				
月末在产品成本				

证表 3-29

产成品入库单

2018 年 7 月 10 日

交货部门：生产车间　　　　　　　　　　　　　　编号：20180710

名称	规格	单位	数量	单位成本	金额	备注	②会计记账
纯棉布艺沙发		套	30				
合计			30				

仓库负责人：刘娜　　　　　　　　　　入库经手人：郑艳红

证表 3-30

产成品入库单

2018 年 7 月 10 日

交货部门：生产车间   编号：20180725

名称	规格	单位	数量	单位成本	金额	备注	②
纯棉布艺沙发		套	30				会
							计
合计			30				记账

仓库负责人：刘娜   入库经手人：郑艳红

证表 3-31

通 用 记 账 凭 证

年　月　日   字第　号

摘要	会计科目		借方金额	贷方金额	记账符号
	总账科目	明细科目	千百十万千百十元角分	千百十万千百十元角分	
附单据　张　　合　　计：					

会计主管人员　　　记账　　　稽核　　　制单　　　出纳　　　交领款人

证表 3-32

库 存 商 品 明 细 账

类别：　　　　品名：　　　　规格：　　　　计量单位：　　　　存放地点：

年		凭证编号	摘要	借方			贷方			余额		
月	日			数量	单位成本	金额 十万千百十元角分	数量	单位成本	金额 十万千百十元角分	数量	单位成本	金额 十万千百十元角分

156

（2）2018 年 7 月 10 日，生产部生产完工绒布布艺沙发 40 套；25 日，生产部生产完工绒布布艺沙发 30 套，仓储部的材料保管员刘娜将产成品验收入库，并填写产成品入库单，交由仓储部经理郑艳红审核。

2018 年 7 月 1 日生产成本——基本生产成本（绒布布艺沙发）账户余额 30 400 元，其中直接材料 16 800 元，直接人工 11 600 元，制造费用 2 000 元。月初在产品 15 套，本月投入 75 套，完工 70 套，月末在产品 20 套。本月生产绒布布艺沙发耗用材料费用 120 000 元；负担直接人工费 90 000 元；结转的制造费用 30 000 元。"库存商品——绒布布艺沙发"明细账期初结存数量 10 套，单位成本 3 200 元，金额 32 000 元。

要求：（1）填制产品成本计算单和产成品入库单；

（2）编制记账凭证（为本月第 62 号凭证）；

（3）登记库存商品明细账。

证表 3-33

产品成本计算单

车间名称：

产品名称：　　　　　　　　年　月　日

摘要	直接材料	直接人工	制造费用	合计
月初在产品成本				
本月生产费用				
生产费用合计				
单位成本				
本月完工产品成本				
月末在产品成本				

证表 3-34

产成品入库单

年　月　日

交货部门：　　　　　　　　　　　　　　　　　编号：

名称	规格	单位	数量	单位成本	金额	备注	②会计记账
合计							

仓库负责人：　　　　　　　　　　入库经手人：

证表 3-35

产成品入库单

年　月　日

交货部门：　　　　　　　　　　　　　　　　　　　　　　编号：

名称	规格	单位	数量	单位成本	金额	备注	②会计记账
合计							

仓库负责人：　　　　　　　　　　　　　　　　　入库经手人：

证表 3-36

通 用 记 账 凭 证

年　月　日　　　　　　　　　　　　　　　　　　字第　　号

摘要	会计科目		借方金额	贷方金额	记账符号
	总账科目	明细科目	千百十万千百十元角分	千百十万千百十元角分	

附单据　　张　　　合　　　计：

会计主管人员　　　记账　　　稽核　　　制单　　　出纳　　　交领款人

证表 3-37

库 存 商 品 明 细 账

类别：　　　　品名：　　　　　规格：　　　　计量单位：　　　　存放地点：

年		凭证编号	摘要	借方			贷方			余额		
月	日			数量	单位成本	金额 十万千百十元角分	数量	单位成本	金额 十万千百十元角分	数量	单位成本	金额 十万千百十元角分

三、库存商品发出的核算实训

对于制造业企业而言，库存商品发出的情形主要有销售、捐赠、工程领用、发放福利等，其中销售库存商品为最主要的发出情形，因此本书侧重对此项库存商品发出的实训。在实际成本计价核算下，企业发出的库存商品应按实际成本结转。由于在实际成本计价核算下，企业每批入库的成本可能不同，因此应按照一定的计价方法计算发出材料的成本，并确定期末库存商品的实际成本。如前所述，存货成本的计价方法有先进先出法、加权平均法等，因采用的存货成本的计价方法不同，库存商品的发出成本和结存成本也会有所不同。

对外销售产成品，月份终了时应根据本月销售的各种商品实际成本计算应结转的销售成本并结转，借记"主营业务成本"账户，贷记"库存商品"账户。采用计划成本核算的，发出产品还应结转产品成本差异，将发出产品的计划成本调整为实际成本，在销售商品过程中发生的费用，如运输费、装卸费、包装费、保险费等，计入"销售费用"账户。

【情景展示】

晨曦服装有限公司为增值税一般纳税人，主要从事男士西装的生产和加工，原材料主要包括羊毛面料、法兰绒面料、黏合里衬、纽扣等。

法定代表人：刘晨曦

公司地址：沈阳市大东区远景路 390 号

统一社会信用代码：912101126568891588

开户银行：建设银行通力支行

银行账号：5215852182000550

联系电话：024-25669666

公司设有四人组成的财务部，分别是财务部经理（会计主管）张毅，负责财务部全面工作，并承担审核凭证、登记总账等工作；记账会计冯琳，负责登记明细账；制单会计：刘蓉，负责编制记账凭证；出纳张宇凡，负责库存现金、银行存款的收付业务及日记账的登记工作。库存商品的发出采用月末一次加权平均法计价。

2018 年 6 月 19 日，晨曦服装有限公司销售员郭金鑫与客户腾宇服装商贸公司采购部经理吴景明签订销售合同。

6 月 29 日，仓库保管员王海滨接到销售部郭金鑫的发货需求，向腾宇服装商贸公司销售男士西装 400 套。产成品出库单由销售部职员郭金鑫填制，并由仓库保管员王海滨、仓储部经理赵赫签字认可。同时，销售员郭金鑫向腾宇服装商贸公司开具增值税专用发票。郭金鑫将库存商品出库单和增值税专用发票送至财务部审核。填制的库存商品出库单和增值税专用发票如下。

证表 3-38

库存商品出库单

2018 年 6 月 29 日

用途：　**销售**　　　　　　　　　　　　　　　　仓库：**产成品库**

名称	规格	单位	数量	单位成本	金额	备注
男士西装		**套**	**400**			② 会计记账
合计			**400**			

仓库负责人：**赵赫**　　　　　出库经手人：　　　　　提货人：**郭金鑫**

证表 3-39

辽宁增值税专用发票

此联不在报销、扣税凭证使用

No 0037410

开票日期：**2018 年 6 月 29 日**

购货方	名　　称：	**腾宇服装商贸公司**			密码区		
	纳税人识别号：	**91210112548150125**					
	地址、电话：	**锦宁市渤海大街 56 号 3767452**					
	开户行及账号：	**工商银行凌云支行 3451125**					

货物或应税劳务名称	规格型号	单位	数量	单价	金额	税率	税额
男士西装		**套**	**400**	**1 800.00**	**720 000.00**	**13%**	**93 600.00**
合　　　　计					**￥72 000.00**		**￥93 600.00**
价税合计（大写）	⊗ **捌拾壹万叁仟陆佰圆整**				（小写）**￥813 600.00**		

销货方	名　　称：	**晨曦服装有限公司**	备注	
	纳税人识别号：	**91210112656889I588**		
	地址、电话：	**沈阳市大东区远景路 390 号 024-25669666**		
	开户行及账号：	**建设银行通力支行 521585218000550**		

收款人：　　　　复核：**刘蓉**　　　　开票人：**郭金鑫**　　　销货单位：（章）

【岗位分析】

　　财务部会计刘蓉取得相关原始凭证，做如下分析。

　　销售部向腾宇服装商贸公司销售男士西装，填制增值税专用发票。产品已经出库，填制了库存商品出库单。销售部填制的单据填写齐全，审核流程无误，符合收入确认条件，会计刘蓉在增值税专用发票签字，并根据增值税专用发票列明的价款，贷记"主营业务收入"账户，根据增值税专用发票列明的增值税额，贷记"应交税费"账户。根据合同规定，货物到场验收并清点清楚后三日内，腾宇服装商贸公司交纳全部货款，根据增值税专用发票列明的价税合计金额，暂借记"应收账款"账户。

相关链接——收入的确认条件

（1）企业已将商品所有权上的主要风险和报酬转移给买方。

（2）企业既没有保留通常与所有权相联系的继续管理权，也没有对已售的商品实施控制。

（3）收入的金额能够可靠计量。

（4）相关的经济利益很可能流入企业。

（5）相关的已发生或将发生的成本能够可靠计量。

【背景知识】

　　企业在销售产品时，如能符合收入确认条件，则可确认为收入。为了核算企业由于主营业务所取得的收入，企业应设置"主营业务收入"账户。当企业由于销售商品、提供劳务、让渡资产使用权而取得收入时，贷记"主营业务收入"账户。

【任务实施】

　　步骤一：审核原始凭证，确定会计科目。

　　根据原始凭证增值税专用发票，会计分录如下。

　　借：应收账款——腾宇服装商贸公司　　813 600

　　　　贷：主营业务收入——男士西装　　720 000

　　　　　　应交税费——应交增值税（销项税额）　93 600

　　步骤二：编制记账凭证（为本月第45号凭证）。

证表3-40

通用记账凭证

2018 年 6 月 29 日　　　　记 字第 45 号

摘要	会计科目		借方金额	贷方金额	记账符号
	总账科目	明细科目	千百十万千百十元角分	千百十万千百十元角分	
销售男士西装	应收账款	腾宇服装商贸公司	8 3 5 2 0 0 0 0		
	主营业务收入	男士西装		7 2 0 0 0 0 0 0	
	应交税费	应交增值税（销项税额）		1 1 5 2 0 0 0 0	
附单据 壹 张　合　计：			8 3 5 2 0 0 0 0	8 3 5 2 0 0 0 0	

会计主管人员 张敏　记账　　稽核 张敏　　制单 刘蓉　　出纳　　　交领款人

附单据为增值税专用发票

【情景展示】

2018 年 6 月 30 日，晨曦服装有限公司财务部刘蓉需要根据库存商品的出库情况，计算并结转产品销售成本。

【岗位分析】

财务部会计刘蓉根据相关原始凭证，做如下分析。

晨曦服装有限公司计算并结转产品销售成本，根据本月销售各种商品的实际成本，借记"主营业务成本"账户，产品销售导致企业库存商品减少，贷记"库存商品"账户。

【背景知识】

库存商品按实际成本计价的方法有先进先出法、加权平均法、个别计价法。库存商品发出成本应根据采用的计价方法进行计算。

对外销售产成品，月份终了时企业应根据本月销售的各种商品的实际成本，计算应结转的销售成本并结转，借记"主营业务成本"账户，贷记"库存商品"账户。

小知识：区分平时发出和月末结转成本的处理方法

对库存商品的发出，在库存商品出库单和库存商品日记账中，平时只登记数量不登记金额；每月终了，则按照库存商品的计价方法，计算发出商品的单位成本和金额，并填入有关账表中。

【任务实施】

步骤一：会计刘蓉根据库存商品明细账，确定发出库存商品的成本。"库存商品——男士西装"明细账如下。

证表 3-41

库存商品明细账

类别：**产成品**　品名：**男士西装**　规格：　计量单位：**套**　存放地点：**仓库**

年		凭证编号	摘要	借方			贷方			余额		
月	日			数量	单位成本	金额（十万千百十元角分）	数量	单位成本	金额（十万千百十元角分）	数量	单位成本	金额（十万千百十元角分）
6	1		期初余额							150	1020	1 5 3 0 0 0 0 0
	30	记62	产品完工入库	850	1000	8 5 0 0 0 0 0 0					1000	

按照月末加权一次平均法的计算原则，月末一次性计算发出库存商品的加权平均单价如下。

$$加权平均单价 = \frac{153\,000 + 850\,000}{150 + 850} = 1\,003\,(元)$$

$$发出材料的成本 = 400 \times 1\,003 = 401\,200\,（元）$$

会计刘蓉填制产品销售成本计算表，并据以将库存商品出库单补充完整。

证表 3-42

产品销售成本计算表

2018 年 6 月 30 日

产品名称	计算单位	本月销售产品		
		数量	单位成本	总成本
男士西装	套	400	1 003	401 200.00
合计				401 200.00

证表 3-43

库存商品出库单

2018 年 6 月 29 日

用途：　销售　　　　　　　　　　　　　　　　　　仓库：产成品库

名称	规格	单位	数量	单位成本	金额	备注	② 会计记账
男士西装		套	400	1 003	401 200.00		
合计			400		401 200.00		

仓库负责人：赵赫　　　　出库经手人：王海滨　　　　　　提货人：郭金鑫

步骤二：审核原始凭证，确定会计科目。

根据原始凭证产品销售成本计算表和库存商品出库单，会计分录如下。

借：主营业务成本——男士西装　　401 200

　　贷：库存商品——男士西装　　　　401 200

步骤三：编制记账凭证（为本月第 65 号凭证）。

证表 3-44

通 用 记 账 凭 证

2018年 6 月 30 日　　　　　　　　　　　字第 65 号

摘要	会计科目		借方金额		贷方金额		记账符号
	总账科目	明细科目	千百十万千百十元角分		千百十万千百十元角分		
结转产品销售成本	主营业务成本	男士西装	4 0 1 2 0 0 0 0				
	库存商品	男士西装			4 0 1 2 0 0 0 0		
附单据 贰 张	合 计:		￥4 0 1 2 0 0 0 0		￥4 0 1 2 0 0 0 0		

会计主管人员 张敏　　记账　　稽核 张敏　　制单 刘萍　　出纳　　　　交领款人

附单据为产品销售成本计算表和库存商品出库单

步骤四：记账会计冯琳根据记账凭证登记库存商品明细账并结账（主营业务成本明细账略）。

证表 3-45

库 存 商 品 明 细 账

类别：产成品　　　品名：男士西装　　规格：　　　　计量单位：套　　　存放地点：仓库

2018年		凭证编号	摘要	借方			贷方			余额		
月	日			数量	单位成本	金额 十万千百十元角分	数量	单位成本	金额 十万千百十元角分	数量	单位成本	金额 十万千百十元角分
6	1		期初余额							150	1020	1 5 3 0 0 0 0
	30	记62	产品完工入库	850	1000	8 5 0 0 0 0 0				1000	
	30	记65	结账销售成本				400			600		
			本月合计	850		8 5 0 0 0 0 0	400	1003	4 0 1 2 0 0 0	600	1003	6 0 1 8 0 0 0

证表 3-46

通用记账凭证

2018 年 6 月 30 日　　　　　　　　　　　记 字第 65 号

摘要	会计科目		借方金额	贷方金额	记账符号
	总账科目	明细科目	千 百 十 万 千 百 十 元 角 分	千 百 十 万 千 百 十 元 角 分	
结转产品销售成本	主营业务成本	男士西装	4 0 0 0 0 0 0 0		
	库存商品	男士西装		4 0 0 0 0 0 0 0	√
附单据 贰 张　　　合　　　计：			¥ 4 0 0 0 0 0 0 0	¥ 4 0 0 0 0 0 0 0	

会计主管人员 张敏　记账 冯琳　稽核 张敏　　制单 刘蓉　出纳　　　　　交领款人

登账后记账人员签字

登账后标注记账符号

【拓展提升】

实训一：

若晨曦服装有限公司库存商品采用先进先出法核算发出成本，2018 年 6 月 30 日，计算并结转产品销售成本。

实训要求：

（1）请根据相关资料，计算库存商品发出成本，并填制产品销售成本计算表和库存商品出库单；

（2）请帮助会计刘蓉编制记账凭证（为本月第 65 号凭证）；

（3）请帮助会计冯琳登记库存商品明细账并结账。

证表 3-47

产品销售成本计算表

2018 年 6 月 30 日

产品名称	计算单位	本月销售产品		
		数量	单位成本	总成本
合计				

证表 3-48

库存商品出库单

年 月 日

用途： **销售**   仓库：**产成品库**

名称	规格	单位	数量	单位成本	金额	备注	② 会计记账
合计							

仓库负责人：**赵赫**   出库经手人：   提货人：**郭金鑫**

证表 3-49

通 用 记 账 凭 证

年 月 日   字第 号

摘要	会计科目		借方金额									贷方金额									记账符号
	总账科目	明细科目	千	百	十	万	千	百	十	元	角	分	千	百	十	万	千	百	十	元	角	分	

附单据   张   合   计：

会计主管人员   记账   稽核   制单   出纳   交领款人

证表 3-50

库 存 商 品 明 细 账

类别：**产成品**   品名：**男士西装**   规格：   计量单位：**套**   存放地点：**仓库**

2018年		凭证编号	摘要	借方											贷方											余额										
月	日			数量	单位成本	十	万	千	百	十	元	角	分	数量	单位成本	十	万	千	百	十	元	角	分	数量	单位成本	十	万	千	百	十	元	角	分
6	1		期初余额																					150	1020	1	5	3	0	0	0	0	0
	30	记62	产品完工入库	850	1000	8	5	0	0	0	0	0	0											150	1020	1	5	3	0	0	0	0	0
																								850	1000	8	5	0	0	0	0	0	0

实训二：

2018 年 7 月 2 日，晨曦服装有限公司销售员郭金鑫与客户腾宇服装商贸公司采购部经理吴景明签订销售合同。并于当日将所需产品发出，填制了增值税专用发票（增值税税率 13%）。同时收到了腾宇服装商贸公司开具的转账支票。

证表 3-51

销售合同

甲方：晨曦服装有限公司

乙方：腾宇服装商贸公司

甲乙双方本着公平、公正的原则，依据相关法律、法规的规定，制定如下购货合同。

一、乙方向甲方购买男士西装。

二、材料要求、单价及数量：

羊毛面料，面料成分为法兰绒面料，里料为黏合里衬，采用现代工艺生产，合格产品约 200 套，单价为 1 800 元 / 套，计 360 000 元（叁拾陆万元）。

三、付款方式：

由于适逢公司年庆，对该产品予以九折优惠促销，但要求发货时乙方即向甲方交纳全部货款。

四、甲方责任：

甲方根据乙方所提供的供货资料，严格按照相关要求及技术规定，确保产品合格并及时提出给乙方使用。

五、乙方责任：

乙方给甲方提供一份详细的有关产品技术资料及数量，乙方保证货款及时到位。乙方将货款转到甲方指定账户。

六、违约责任：

甲乙双方签订合同后，为严格按照合同各款履约，如有一方违约，违约方需支付一方违约金，即总货款的 10%，并承担因违约引起的相关法律责任。

甲方（章）：晨曦服装有限公司　　　　乙方（章）：腾宇服装商贸公司

统一社会信用代码：912101126568891588　　统一社会信用代码：912101112548150125

地址：沈阳市大东区迎景路 390 号　　　地址：锦宇市渤海大街 56 号

联系电话：024 5669656　　　　　　　联系电话：13767452

开户银行：建设银行通力支行　　　　开户银行：工商银行凌云支行

账号：6215852182000550　　　　　　账号：3451125

授权代表：郭金鑫　　　　　　　　　授权代表：吴景明

日期：2018 年 7 月 2 日　　　　　　　日期：2018 年 7 月 2 日

证表 3-52

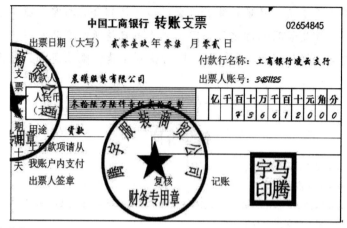

实训要求：

（1）请根据相关资料，帮助销售员郭金鑫填制增值税专用发票和库存商品出库单；

（2）请帮助出纳张宇凡将转账支票背书，并填制进账单；

（3）请帮助会计刘蓉编制记账凭证（为本月第 8 号凭证）。

证表 3-53

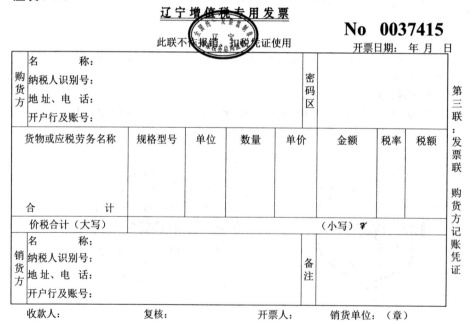

证表 3-54

库存商品出库单

年　月　日

用途：　　　　　　　　　　　　　　　　　　　　仓库：

名称	规格	单位	数量	单位成本	金额	备注	②会计记账
合计							

仓库负责人：　　　　　　出库经手人：　　　　　　提货人：

证表 3-55

附加信息：	被背书人	被背书人	粘贴单处
	背书人签章 年　月　日	背书人签章 年　月　日	

证表 3-56

中国建设银行进账单　（回　单）　　**1**

年　　　月　　　日

出票人	全　称		收款人	全　称										此联是汇出行给汇款人的回单
	账　号			账　号										
	开户银行			开户银行										
金额	人民币 （大写）				亿	千	百	十	万	千	百	十	元	角	分
票据种类		票据张数												
票据号码														
				收款人开户银行盖章 年　月　日										
复核　　　记账														

证表 3-57

通 用 记 账 凭 证

年　月　日　　　　　　　　　　　　　字第　号

摘要	会计科目		借方金额										贷方金额										记账符号
	总账科目	明细科目	千	百	十	万	千	百	十	元	角	分	千	百	十	万	千	百	十	元	角	分	
附单据　张		合　　　计：																					

会计主管人员　　　记账　　　稽核　　　　制单　　　　出纳　　　　交领款人

实训三：

2018 年 7 月 5 日，晨曦服装有限公司销售员郭金鑫与客户兴海贸易有限公司采购部经理刘达源签订销售合同。并于当日将所需产品发出，填制了增值税专用发票（增值税税率 13%）。

证表 3-58

销售合同

甲方：晨曦服装有限公司

乙方：兴海贸易有限公司

甲乙双方本着公平、公正的原则，依据相关法律、法规的规定，制定如下购货合同。

一、乙方向甲方购买男士西装。

二、材料要求、单价及数量：

羊毛面料，面料成分为法兰绒面料，里料为黏合里衬，采用现代工艺生产，合格产品约 150 套，单价为 2 000 元 / 套，计 300 000 元（叁拾万元）。

三、付款方式：

经双方商定，现金折扣条件为 2/10，1/20，N/30（计算折扣时不考虑增值税）。

四、甲方责任：

甲方根据乙方所提供的供货资料，严格按照相关要求及技术规定，确保产品合格并及时提出给乙方使用。

五、乙方责任：

乙方给甲方提供一份详细的有关产品技术资料及数量，乙方保证货款及时到位。乙方将货款转到甲方指定账户。

六、违约责任：

甲乙双方签订合同后，为严格按照合同各款履约，如有一方违约，违约方需支付一方违约金，即总货款的 10%，并承担因违约引起的相关法律责任。

甲方（章）：晨曦服装有限公司　　　　乙方（章）：兴海贸易有限公司

统一社会信用代码：912101165568891588　　统一社会信用代码：912101112548150126

地址：沈阳市大东区沈景路 390 号　　　地址：天津市河西区杭州路 813 号

联系电话：024-25669866　　　　联系电话：022-4515236

开户银行：建设银行通力支行　　　开户银行：工商银行河西支行

账号：5215852182000550　　　账号：1520400100003815

授权代表：郭金鑫　　　　　授权代表：刘达源

日期：2018 年 7 月 5 日　　　日期：2018 年 7 月 5 日

实训要求：

（1）请根据相关资料，帮助销售员郭金鑫填制增值税专用发票和库存商品出库单；

（2）请帮助会计刘蓉编制记账凭证（为本月第 15 号凭证）。

证表 3-59

辽宁增值税专用发票

No 0037419

此联不作报销、抵扣凭证使用　　　开票日期：　年　月　日

购货方	名　称：					密码区		
	纳税人识别号：							
	地址、电话：							
	开户行及账号：							
货物或应税劳务名称	规格型号	单位	数量	单价	金额	税率	税额
合　　计							
价税合计（大写）					（小写）￥		
销货方	名　称：					备注	
	纳税人识别号：						
	地址、电话：						
	开户行及账号：						

收款人：　　　复核：　　　开票人：　　　销货单位：（章）

第三联：发票联　购货方记账凭证

证表 3-60

库存商品出库单

年　月　日

用途：　　　　　　　　　　　　　　　　　　　　　　　仓库：

名称	规格	单位	数量	单位成本	金额	备注	②会计记账
合计							

仓库负责人：　　　　　　出库经手人：　　　　　　提货人：

证表 3-61

通 用 记 账 凭 证

年　月　日　　　　　　　　　　　　　字第　　号

摘要	会计科目		借方金额										贷方金额										记账符号
	总账科目	明细科目	千	百	十	万	千	百	十	元	角	分	千	百	十	万	千	百	十	元	角	分	
附单据　　张　　合　　计：																							

会计主管人员　　　记账　　　稽核　　　制单　　　出纳　　　交领款人

实训四：

2018 年 7 月 14 日，晨曦服装有限公司销售员郭金鑫收到客户兴海贸易有限公司采购部经理刘达源转来的转账支票。

证表 3-62

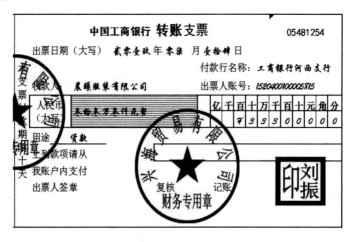

实训要求：

（1）请根据相关资料，帮助出纳张宇凡将转账支票背书，并填制进账单。

（2）请帮助会计刘蓉编制记账凭证（为本月第26号凭证）。

证表3-63

附加信息：	被背书人	被背书人	粘贴单处
	背书人签章 年　月　日	背书人签章 年　月　日	

证表3-64

中国建设银行进账单　（回　单）　1

年　　　月　　　日

出票人	全　称		收款人	全　称										此联是汇出行给汇款人的回单
	账　号			账　号										
	开户银行			开户银行										
金额	人民币 （大写）			亿	千	百	十	万	千	百	十	元	角 分	
票据种类		票据张数												
票据号码														
	复核　　记账			收款人开户银行盖章 年　月　日										

证表3-65

通 用 记 账 凭 证

年　月　日　　　　　　　　　　　字第　号

摘要	会计科目		借方金额										贷方金额										记账符号
	总账科目	明细科目	千	百	十	万	千	百	十	元	角	分	千	百	十	万	千	百	十	元	角	分	
附单据　　张　　合　　计：																							

会计主管人员　　　记账　　　稽核　　　制单　　　出纳　　　交领款人

【模拟实操】

华达有限公司是一家沙发生产企业，为增值税一般纳税人，增值税税率13%。统一社会信用代码为9131022658792800015，地址为上海市浦东新区342号，电话为021-48547841，开户银行为华夏银行云桥支行，账号为155010008815-1011。

华达有限公司生产纯棉沙发和绒布沙发两种产品。生产所用的主要材料有木材、高弹性海绵、纯棉面料、绒布面料、轻钉等。采用约当产量法分配完工产品和月末在产品成本。生产过程中所用材料投料率为100%，其他费用随加工进度陆续发生，在产品完工程度为50%。采用月末一次加权平均法核算库存商品的发出成本。

公司财务部经理刘涛，负责财务科全面工作；会计郑源负责审核凭证并登记总账；会计张浩负责编制记账凭证；会计张彬负责登记明细账；出纳吴亮。

（1）2018年7月27日，华达有限公司销售部职员周慧提出发货申请，万鑫家具公司需要采购纯棉布艺沙发32套，单价4 500元，金额144 000元，增值税税率13%，增值税额18 720元。销售部周慧填制了增值税专用发票。当日，收到万鑫家具公司以网上银行结算方式转来的款项。

要求：编制记账凭证（为本月第47号凭证）。

证表3-66

通 用 记 账 凭 证

年 月 日 字第 号

摘要	会计科目		借方金额										贷方金额										记账符号
	总账科目	明细科目	千	百	十	万	千	百	十	元	角	分	千	百	十	万	千	百	十	元	角	分	
附单据 张 合 计：																							

会计主管人员 记账 稽核 制单 出纳 交领款人

（2）2018年7月30日，华达有限公司销售部职员周慧提出发货申请，万鑫家具公司需要采购绒布布艺沙发30套，单价5 600元，金额168 000元，增值税税率13%，增值税额21 840元。双方签订的购销合同中规定现金折扣条件为"2/15，n/30"。

万鑫家具公司纳税人识别号为310226025154815，地址为上海市浦东新区科苑路 24 号，电话为 021-48541250，开户银行为建设银行沅江支行，账号为 15512050005410。

要求：（1）请你代销售部周慧填制增值税专用发票；

（2）编制记账凭证（为本月第 59 号凭证）。

证表 3-67

辽宁增值税 专用发票　　No 5861556

此联不作报销、扣税凭证使用　　开票日期：年 月 日

第三联：发票联 购货方记账凭证

购货方	名　　　称：								
	纳税人识别号：							密码区	
	地址、电话：								
	开户行及账号：								
货物或应税劳务名称	规格型号	单位	数量	单价	金额	税率	税额		
合　　　　　计									
价税合计（大写）				（小写）￥					
销货方	名　　　称：							备注	
	纳税人识别号：								
	地址、电话：								
	开户行及账号：								

收款人：　　　　　复核：　　　　　开票人：　　　　　销货单位：（章）

证表 3-68

通用记账凭证

年　　月　　日　　　　　　　　　　　　　字第　　号

摘要	会计科目		借方金额										贷方金额										记账符号
	总账科目	明细科目	千	百	十	万	千	百	十	元	角	分	千	百	十	万	千	百	十	元	角	分	
附单据　　张	合　　计：																						

会计主管人员　　　记账　　　稽核　　　制单　　　出纳　　　交领款人

（3）2018 年 7 月 31 日，计算并结转纯棉布艺沙发的销售成本。

已知"库存商品——纯棉布艺沙发"明细账期初结存数量 46 套，单位成本 3200 元，金额 147 200 元。2018 年 7 月 10 日，生产部生产完工纯棉布艺沙发 30 套；25 日，生产部生产完工纯棉布艺沙发 20 套。纯棉布艺沙发本月全部生产完工，无月末在产品。本月生产纯棉布艺沙发耗用材料费用 90 000 元；负担直接人工费 65 000 元；结转的制造费用 3 000 元。27 日，销售纯棉布艺沙发 32 套。有关完工产品成本计算前已述及。

要求：（1）请根据相关资料，计算库存商品发出成本，并填制产品销售成本计算表和库存商品出库单；

（2）请帮助会计张浩编制记账凭证（为本月第65号凭证）；

（3）请帮助会计张斌登记库存商品明细账并结账。

证表 3-69

产品销售成本计算表

2018 年 6 月 30 日

产品名称	计算单位	本月销售产品		
		数量	单位成本	总成本
男士西装	套	400	1 003	401 200.00
合计				401 200.00

证表 3-70

库存商品出库单

年 月 日

用途：   仓库：

名称	规格	单位	数量	单位成本	金额	备注	② 会 计 记 账
合计							

仓库负责人：   出库经手人：   提货人：

证表 3-71

通 用 记 账 凭 证

年 月 日   字第 号

摘要	会计科目		借方金额	贷方金额	记账
	总账科目	明细科目	千百十万千百十元角分	千百十万千百十元角分	符号
附单据 张 合 计：					

会计主管人员   记账   稽核   制单   出纳   交领款人

证表 3-72

库存商品明细账

类别：　　　　品名：　　　　规格：　　　　计量单位：　　　　存放地点：

月	日	凭证编号	摘要	借方										贷方										余额									
				数量	单位成本	金额								数量	单位成本	金额								数量	单位成本	金额							
						十万	千	百	十	元	角	分				十万	千	百	十	元	角	分				十万	千	百	十	元	角	分

（4）2018 年 7 月 31 日，计算并结转绒布布艺沙发的销售成本。

已知"库存商品——绒布布艺沙发"明细账期初结存数量 10 套，单位成本 3200 元，金额 32 000 元。2018 年 7 月 10 日，生产部生产完工绒布布艺沙发 40 套；25 日，生产部生产完工绒布布艺沙发 30 套。2018 年 7 月 1 日生产成本——基本生产成本（绒布布艺沙发）账户余额 33 000 元，其中直接材料 16 800 元，直接人工 11 600 元，制造费用 2 000 元。月初在产品 15 套，本月投入 75 套，完工 70 套，月末在产品 20 套。本月生产绒布布艺沙发耗用材料费用 120 000 元；负担直接人工费 90 000 元；结转的制造费用 30 000 元。30 日，销售绒布布艺沙发 30 套。有关完工产品成本计算前已述及。

要求：（1）请根据相关资料，计算库存商品发出成本，并填制产品销售成本计算表和库存商品出库单；

（2）请帮助会计张浩编制记账凭证（为本月第 66 号凭证）；

（3）请帮助会计张斌登记库存商品明细账并结账。

证表 3-73

产品销售成本计算表

年　月　日　　　　　　　　　　　单位：元

产品名称	计算单位	本月销售产品		
		数量	单位成本	总成本
合计				

证表 3-74

库 存 商 品 出 库 单

年 月 日

用途：   仓库：

名称	规格	单位	数量	单位成本	金额	备注	②会计记账
合计							

仓库负责人：   出库经手人：   提货人：

证表 3-75

通 用 记 账 凭 证

年 月 日   字第 号

摘要	会计科目		借方金额									贷方金额									记账符号
	总账科目	明细科目	千	百	十	万	千	百	十	元	角	分	千	百	十	万	千	百	十	元	角	分	

附单据   张   合   计：

会计主管人员   记账   稽核   制单   出纳   交领款人

证表 3-76

库 存 商 品 明 细 账

类别：   品名：   规格：   计量单位：   存放地点：

2018年		凭证编号	摘要	借方										贷方										余额									
月	日			数量	单位成本	金额								数量	单位成本	金额								数量	单位成本	金额							
						十	万	千	百	十	元	角	分			十	万	千	百	十	元	角	分			十	万	千	百	十	元	角	分

（5）2018 年 8 月 13 日，华达有限公司收到万鑫家具公司签发的转账支票一张，金额为 191 520 元。

要求：（1）请根据相关资料，将转账支票背书，并填制进账单；

（2）请帮助会计张浩编制记账凭证（为本月第26号凭证）。

证表 3-77

附加信息：	被背书人	被背书人	粘贴单处
	背书人签章	背书人签章	
	年 月 日	年 月 日	

证表 3-78

中国建设银行进账单 （回 单） 1

年 月 日

出票人	全 称		收款人	全 称										此联是汇出行给汇款人的回单
	账 号			账 号										
	开户银行			开户银行										
金额	人民币（大写）			亿	千	百	十	万	千	百	十	元	角	分	
票据种类		票据张数												
票据号码														
	复 核 记 账		收款人开户银行盖章 年 月 日											

证表 3-79

通用记账凭证

年 月 日　　　　　　　　　　字第 号

摘要	会计科目		借方金额									贷方金额									记账符号
	总账科目	明细科目	千	百	十	万	千	百	十	元	角	分	千	百	十	万	千	百	十	元	角	分	
附单据 张 合 计：																						

会计主管人员　　　　记账　　　　稽核　　　　制单　　　　出纳　　　　交领款人

四、库存商品销售退回的会计核算

销售退回是指企业售出的商品由于质量、品种、规格不符合合同要求等原因而发生退货的情况。

企业销售收入未确认即发生销售退回的，不进行账务处理。企业销售收入确认后又发生销售退回的，不论是本年度销售的，还是以前年度销售的，通常均冲减退回当月的销售收入。如已结转销售成本的，还应冲减退回月份的销售成本（如以前销售存在现金折扣的，应在退回月份调整）；企业在销售退回时，按规定允许扣减当期销项税额的，用红字冲减"应交税费——应交增值税"的"销项税额"专栏。

【情景展示】

晨曦服装有限公司为增值税一般纳税人，主要从事男士西装的生产和加工，原材料主要包括羊毛面料、法兰绒面料、黏合里衬、纽扣等。

公司设有四人组成的财务部，其中分别有财务部经理（会计主管）张毅，负责财务部全面工作，并承担审核凭证、登记总账等工作；记账会计冯琳，负责登记明细账；制单会计刘蓉，负责编制记账凭证；出纳张宇凡，负责库存现金、银行存款的收付业务及日记账的登记工作。库存商品的发出采用月末一次加权平均法计价。

2018年7月8日，晨曦服装有限公司向腾宇服装商贸公司销售的400套男士西装因规格型号与合同不符而退回。仓库保管员王海滨已将退回的男士西装办理入库。保管员王海滨填制的产成品入库单和销售员郭金鑫填制的红字增值税专用发票如下。

证表3-80

产成品入库单

年 月 日

交货部门：　　　　　　　　　　　　　　　　　　　　　　　　　编号：

名称	规格	单位	数量	单位成本	金额	备注	②会计记账
男士西装		套	400	1 003.00	401 200.00		
合计			400		401 200.00		

仓库负责人：　　　　　　　　　　　　　　　　入库经手人：

证表 3-81

销项负数

辽宁增值税专用发票

此联不作报销、扣税凭证使用

No 0037422

开票日期: 年 月 日

购货方	名　称:	腾宇服装商贸公司					密码区		
	纳税人识别号:	91210111254815O125							
	地址、电话:	锦宁市渤海大街 56 号 3767452							
	开户行及账号:	工商银行凌云支行 3451125							

货物或应税劳务名称	规格型号	单位	数量	单价	金额	税率	税额
男士西装		套					
合　　　计							

价税合计（大写）	⊗（负数）肆拾万壹仟贰佰圆整	（小写）￥-401200.00

销货方	名　称:	晨曦服装有限公司	备注	
	纳税人识别号:	91210112656889158B		
	地址、电话:	沈阳市大东区远景路 390 号 024-25669666		
	开户行及账号:	建设银行通力支行 5215852182000550		

收款人: 　　复核: 刘蓉　　开票人: 郭金鑫　　销货单位: （章）

第三联: 发票联　购货方记账凭证

【岗位分析】

财务部会计刘蓉取得相关原始凭证, 做如下分析。

销售部向腾宇服装商贸公司销售的男士西装发生退货, 填制了红字增值税专用发票。因上月已经确认收入, 应冲减退回当月的销售收入, 并用红字填写"应交税费——应交增值税"的"销项税额"专栏。

仓储部王海滨已将退回的男士西装办理入库, 填制了产成品入库单, 上月已结转销售成本, 故应冲减退回当月的销售成本。

【背景知识】

企业销售收入确认后又发生销售退回的, 应当冲减退回当月的销售收入, 并借记"主营业务收入"账户, 贷记"银行存款"或"应收账款"账户, 以红字贷记"应交税费——应交增值税（销项税额）"。

企业销售产品如已结转销售成本的, 应冲减退回月份的销售成本, 借记"库存商品"账户, 贷记"主营业务成本"账户。

相关链接——红字增值税专用发票

对于一般纳税人在取得增值税专用发票后, 发生销货退回、开票有误等情形但不符合作废条件的, 或者因销货部分退回及发生销售折让的, 购买方应填报《开具红字增值税专用发票申请单》, 由购买方主管税务机关审核后, 出具《开具红字增值税专用发票通知单》, 销货方凭购买方提供的《开具红字增值税专用发票通知单》开具红字发票；对于销货方提出申请的，可由销货方主管税务机关直接根据纳税人填报的《开具红字增值税专用发票申请单》开具《开具红字增值税专用发票通知单》。销货方在防伪税控系统中以销项负数开具，红字专用发票应与《开具红字增值税专用发票通知单》一一对应。

【任务实施】

步骤一：审核原始凭证，确定会计科目。

根据原始凭证红字增值税专用发票，会计分录如下。

借：主营业务收入——男士西装　　　　　720 000

　　贷：应收账款——腾宇服装商贸公司　　813 600

　　　　应交税费——应交增值税（销项税额）　93 600

根据原始凭证产成品入库单，会计分录如下。

借：库存商品——男士西装　　　　　　　401 200

　　贷：主营业务成本——男士西装　　　　401 200

步骤二：编制记账凭证（为本月第20号、21号凭证）。

证表3-82

通用记账凭证

2018 年 7 月 8 日　　　　　　　记 字第 20 号

摘要	会计科目		借方金额	贷方金额	记账符号
	总账科目	明细科目	千百十万千百十元角分	千百十万千百十元角分	
男士西装销售退回	主营业务收入	男士西装	7 2 0 0 0 0 0 0		
	应收账款	腾宇服装有贸公司		8 1 3 6 0 0 0 0	
	应交税费	应交增值税（销项税额）		1 1 5 2 0 0 0 0	
附单据 查 张　合　计：			￥7 2 0 0 0 0 0 0	￥7 2 0 0 0 0 0 0	

会计主管人员 张敏　记账　稽核 张敏　制单 刘蓉　出纳　交领款人

附单据为红字增值税专用发票

步骤三：记账会计冯琳根据记账凭证登记库存商品明细账并结账（主营业务成本明细账略）。

证表 3-83

通用记账凭证

2018 年 7 月 8 日　　　　　　　　　　记 字第 21 号

摘要	会计科目		借方金额	贷方金额	记账符号
	总账科目	明细科目	千百十万千百十元角分	千百十万千百十元角分	
冲减产品销售成本	库存商品	男士西装	4 0 1 2 0 0 0 0		
	主营业务成本	男士西装		4 0 1 2 0 0 0 0	
附单据 壹 张　　　合　　　计			￥4 0 1 2 0 0 0 0	￥4 0 1 2 0 0 0 0	

会计主管人员 张敏　　记账　　稽核 张敏　　制单 刘萍　　出纳　　交领款人

附单据为产成品入库单

步骤三：记账会计冯琳根据记账凭证登记库存商品明细账并结账（主营业务成本明细账略）。

证表 3-84

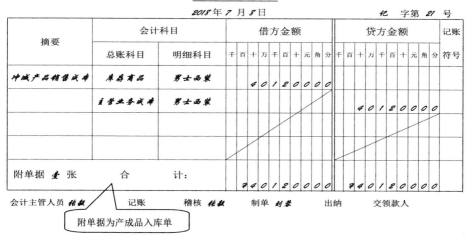

库存商品明细账

类别：产成品　　品名：男士西装　　规格：　　　计量单位：套　　存放地点：仓库

2018 年		凭证编号	摘要	借方			贷方			余额		
月	日			数量	单位成本	金额 十万千百十元角分	数量	单位成本	金额 十万千百十元角分	数量	单位成本	金额 十万千百十元角分
6	1		期初余额							150	1020	1 5 3 0 0 0 0 0
	30	记02	产品完工入库	850	1000	8 5 0 0 0 0 0					1000	
	30	记05	结转销售成本				400			600		
			本月合计	850		8 5 0 0 0 0 0	400	1003	4 0 1 2 0 0 0	600	1003	6 0 1 8 0 0 0
7	8	记21	冲减销售成本	400	1003	4 0 1 2 0 0 0					1000	

【模拟实操】

华达有限公司是一家沙发生产企业，为增值税一般纳税人，增值税税率为 13%。

统一社会信用代码：913102265879280015

地址：上海市浦东新区 342 号

电话：021-48547841

开户银行：华夏银行云桥支行

账号：155010008815-1011

华达有限公司生产纯棉沙发和绒布沙发两种产品。采用月末一次加权平均法核算库存商品的发出成本。

公司财务部经理刘涛，负责财务科全面工作；会计郑源负责审核凭证并登记总账；会计张浩负责编制记账凭证；会计张彬负责登记明细账；出纳吴亮。

2018年8月5日，华达有限公司销售部职员周慧收到万鑫家具公司的退货通知，为上月销售的纯棉布艺沙发32套，单价4 500元，金额144 000元，增值税税率为13%，增值税额18 720元。当日，华达有限公司向万鑫家具公司签发转账支票退回货款。

要求：（1）帮助销售部周慧填制红字增值税专用发票；

（2）填制产成品入库单；

（3）填制转账支票；

（4）编制记账凭证（为本月第47号凭证）。

证表3-85

上海增值税专用发票　　No 5861562

此联不作报销、扣税凭证使用　　　　　　　开票日期：　年　月　日

购货方	名　　称：					密码区		第三联：发票联　购货方记账凭证
	纳税人识别号：							
	地址、电话：							
	开户行及账号：							
	货物或应税劳务名称	规格型号	单位	数量	单价	金额	税率	税额
	合　　　　计							
	价税合计（大写）					（小写）￥		
销货方	名　　称：					备注		
	纳税人识别号：							
	地址、电话：							
	开户行及账号：							

收款人：　　　　　复核：　　　　　开票人：　　　　　销货单位：（章）

证表 3-86

产成品入库单

年　月　日

交货部门：　　　　　　　　　　　　　　　　　　　　　　编号：

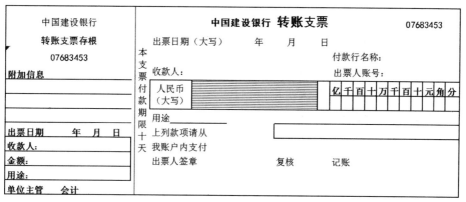

名称	规格	单位	数量	单位成本	金额	备注	②会计记账
合计							

仓库负责人：　　　　　　　　　　　　　　　　入库经手人：

证表 3-87

中国建设银行 **转账支票存根** 07683453		中国建设银行 **转账支票**	07683453

附加信息

本支票付款期限十天

中国建设银行 **转账支票**　　　　　07683453

出票日期（大写）　　年　　月　　日

付款行名称：

收款人：　　　　　　　　　　　出票人账号：

人民币（大写）　　　　　亿 千 百 十 万 千 百 十 元 角 分

用途

上列款项请从
我账户内支付

出票人签章　　　　复核　　　记账

出票日期　　年　月　日
收款人：
金额：
用途：
单位主管　　会计

证表 3-88

通 用 记 账 凭 证

年　月　日　　　　　　　　　　　　字第　　号

摘要	会计科目		借方金额										贷方金额										记账符号
	总账科目	明细科目	千	百	十	万	千	百	十	元	角	分	千	百	十	万	千	百	十	元	角	分	
附单据　张　合　计:																							

会计主管人员　　　记账　　　稽核　　　制单　　　出纳　　　交领款人

五、库存商品的盘点

存货清查通常采用实地盘点的方法，即通过点数、过磅计量等方法核实存货的实际库存数，并与账面数核对，如有不符，应查明账实不符的原因，分清责任，并据以编制"存货盘点报告表"。库存商品与原材料同属于存货，其盘点溢缺的账务处理与原材料发生溢缺的账务处理基本相同，在未查明原因前，应先通过"待处理财产损溢——待处理流动资产损溢"账户调整"库存商品"账户的账面记录，查明原因后再分别以不同情况从"待处理财产损溢——待处理流动资产损溢"账户转入有关账户。有关实训详见项目二原材料的盘存，在此不再赘述。

六、库存商品收、发、存综合实训

（一）企业基本资料

1. 企业信息

单位名称：沈阳新兴机械公司

统一社会信用代码：912101131170583652

地址：沈阳市沈北新区沈辽路 211 号

电话：024-52584155

开户银行：建设银行沈北支行

账号：110252451100060

2. 公司财务岗位设置

财务科长李军，负责财务科全面工作；会计王刚，负责审核凭证、登记总账等；会计：郑旭，负责材料明细分类账簿登记及编制记账凭证；出纳彭博，负责库存现金、银行存款收付及日记账登记工作。

3. 仓库及销售部门有关人员

仓库负责人王丽，审核库存商品的收发工作及仓库全面工作；库存商品保管员张贺，负责仓库物资保管收发并登记保管账簿；销售员朱颖，负责库存商品的发货和增值税专用发票的开具。

（二）有关客户基本资料

1. 沈阳鸿远机电有限公司

统一社会信用代码：912101124526974524

地址：沈阳市大东区 796 号

电话：024-42369840

开户银行：工商银行大东支行

账号：251584401000250

2. 长春机械有限公司

统一社会信用代码：919122010333390637

地址：长春市宽城区柳影路 1567 号

电话：0431-256951103

开户银行：建设银行柳影路支行

账号：52368415000541

（三）会计政策

沈阳新兴机械公司为增值税一般纳税人，增值税税率为 13%，其主要从事搬运车的生产，原材料主要包括钢板、圆钢、轮胎、后桥总成等。企业按实际成本法核算存货的收发业务。产品月末全部生产完工，无月末在产品。库存商品的发出采用月末一次加权平均法计价。

（四）2018 年 10 月份部分材料期初余额表

证表 3-89

产品名称	计量单位	库存数量	单位成本	总成本
搬运车	台	60	1 090	65 400.00
合计				65 400.00

（五）实训要求

（1）根据有关经济业务填制相关原始凭证，并进行会计记账凭证编制。

（2）根据相关记账凭证登记库存商品明细账并结账。

（六）2018 年 10 月沈阳新兴机械公司发生的有关经济业务

（1）10 月 12 日，销售给沈阳鸿远机电有限公司搬运车 50 台，单价 1 600 元，价款 80 000 元，增值税额 12 800 元，价税合计 92 800 元。货已发运，款项尚未收到。（为本月第 29 笔业务）

证表 3-90

<table>
<tr><td colspan="10" align="center">辽宁增值税专用发票</td><td colspan="2" align="center">№ 2585005</td></tr>
<tr><td colspan="10" align="center">此联不作报销、扣税凭证使用</td><td colspan="2">开票日期： 年 月 日</td></tr>
<tr>
<td rowspan="4">购货方</td>
<td colspan="7">名　　　称：
纳税人识别号：
地址、电话：
开户行及账号：</td>
<td colspan="2">密码区</td>
<td rowspan="8">第三联：发票联　购货方记账凭证</td>
</tr>
</table>

购货方	名　　称： 纳税人识别号： 地址、电话： 开户行及账号：						密码区		第三联：发票联　购货方记账凭证
	货物或应税劳务名称	规格型号	单位	数量	单价	金额	税率	税额	
	合　　　　计								
	价税合计（大写）					（小写）￥			
销货方	名　　称： 纳税人识别号： 地址、电话： 开户行及账号：						备注		

收款人：　　　　复核：　　　　开票人：　　　　销货单位：（章）

证表 3-91

库存商品出库单

年　月　日

用途：　　　　　　　　　　　　　　　　　　　　仓库：

名称	规格	单位	数量	单位成本	金额	备注	②会计记账
合计							

仓库负责人：　　　　　出库经手人：　　　　　提货人：

证表 3-92

通 用 记 账 凭 证

年　月　日　　　　　　字第　号

摘要	会计科目		借方金额									贷方金额									记账符号
	总账科目	明细科目	千	百	十	万	千	百	十	元	角	分	千	百	十	万	千	百	十	元	角	分	
附单据　张	合　　计																					

会计主管人员　　　记账　　　稽核　　　　制单　　　　出纳　　　交领款人

（2）10月12日，向沈阳鸿远机电有限公司销售的搬运车由沈阳市海峰货运公司进行运输，签发转账支票支付运费1 200元，取得增值税专用发票注明增值税额108元。（为本月第30笔业务）

证表3-93

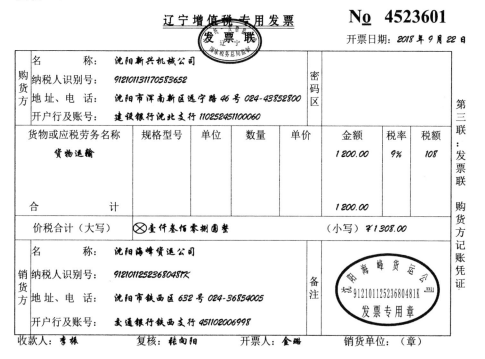

证表3-94

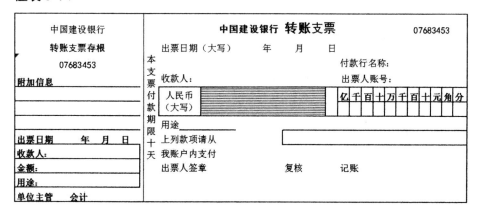

证表 3-95

通 用 记 账 凭 证

年 月 日　　　　　　　　　　　　　　字第　号

摘要	会计科目		借方金额									贷方金额									记账符号
	总账科目	明细科目	千	百	十	万	千	百	十	元	角	分	千	百	十	万	千	百	十	元	角	分	
附单据　张　　合　　计：																						

会计主管人员　　　记账　　　稽核　　　制单　　　出纳　　　交领款人

（3）10月15日，产品搬运车60台完工入库。

证表 3-96

产成品入库单

年 月 日

交货部门：　　　　　　　　　　　　　　　　编号：

名称	规格	单位	数量	单位成本	金额	备注	②会计记账
合计							

仓库负责人：　　　　　　　　　　入库经手人：

（4）10月16日，收到沈阳鸿远机电有限公司签发的转账支票一张，金额 90 400 元。（为本月第 35 笔业务）

证表 3-97

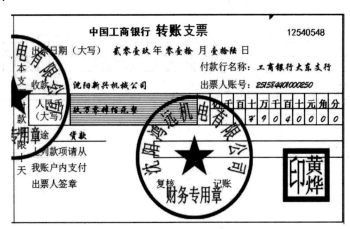

证表 3-98

附加信息：	被背书人	被背书人	
			粘贴单处
	背书人签章 年　月　日	背书人签章 年　月　日	

证表 3-99

中国建设银行进账单 （回 单）　　1

年　　　　月　　　　日

出票人	全　称		收款人	全　称		此联是汇出行给汇款人的回单
	账　号			账　号		
	开户银行			开户银行		
金额	人民币 （大写）			亿 千 百 十 万 千 百 十 元 角 分		
	票据种类		票据张数			
	票据号码					
		复核　　记账		收款人开户银行盖章 年　　月　　日		

证表 3-100

通 用 记 账 凭 证

年　月　日　　　　　　　　　　　　　　　字第　　号

摘要	会计科目		借方金额	贷方金额	记账符号
	总账科目	明细科目	千百十万千百十元角分	千百十万千百十元角分	
附单据　　张　　合　　计：					

会计主管人员　　　　记账　　　　稽核　　　　制单　　　　出纳　　　交领款人

（5）10月18日，销售给长春机械有限公司搬运车20台，单价1 800元，价款36 000元，增值税额4 680元，价税合计40 680元。货已发运，收到长春机械有限公司签发的四个月期银行承兑汇票一张。（为本月第37笔业务）

证表3-101

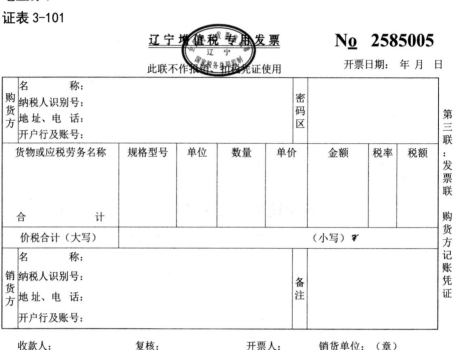

证表3-102

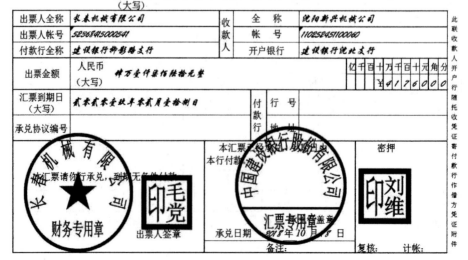

证表 3-103

库存商品出库单

年　月　日

用途：　　　　　　　　　　　　　　　　　　　　　仓库：

名称	规格	单位	数量	单位成本	金额	备注	②会计记账
合计							

仓库负责人：　　　　　　　出库经手人：　　　　　　　提货人：

证表 3-104

通用记账凭证

年　月　日　　　　　　　　　　　　　　字第　　号

摘要	会计科目		借方金额									贷方金额									记账符号
	总账科目	明细科目	千	百	十	万	千	百	十	元	角	分	千	百	十	万	千	百	十	元	角	分	
附单据　张　　合　　计：																							

会计主管人员　　　记账　　　稽核　　　　制单　　　　出纳　　　交领款人

（6）10月30日，产品搬运车40台完工入库。

证表 3-105

产成品入库单

年　月　日

交货部门：　　　　　　　　　　　　　　　　　　　编号：

名称	规格	单位	数量	单位成本	金额	备注	②会计记账
合计							

仓库负责人：　　　　　　　　　　　　入库经手人：

（7）10月31日，计算完工产品成本。本月生产搬运车耗用材料费用80 000元；负担直接人工费26 000元；结转的制造费用为8 000元。（为本月第55笔业务）

证表 3-106

产品成本计算单

车间名称:

产品名称: 年 月 日

摘要	直接材料	直接人工	制造费用	合计
月初在产品成本				
本月生产费用				
生产费用合计				
单位成本				
本月完工产品成本				
月末在产品成本				

证表 3-107

通 用 记 账 凭 证

年 月 日 字第 号

摘要	会计科目		借方金额									贷方金额									记账符号
	总账科目	明细科目	千	百	十	万	千	百	十	元	角	分	千	百	十	万	千	百	十	元	角	分	
附单据 张 合 计:																						

会计主管人员 记账 稽核 制单 出纳 交领款人

（8）10 月 31 日，结转已销产品成本。（为本月第 66 笔业务）

证表 3-108

产品销售成本计算表

年 月 日 单位：元

产品名称	计算单位	本月销售产品		
		数量	单位成本	总成本
合计				

证表 3-109

通 用 记 账 凭 证

年 月 日　　　　　　　　　　　　　　　　　字第 号

摘要	会计科目		借方金额	贷方金额	记账符号
	总账科目	明细科目	千百十万千百十元角分	千百十万千百十元角分	
附单据 张　　　合　　　计：					

会计主管人员　　　　记账　　　　稽核　　　　制单　　　　出纳　　　　交领款人

证表 3-110

库 存 商 品 明 细 账

类别：　　　　品名：　　　　规格：　　　　计量单位：　　　　存放地点：

年		凭证编号	摘要	借方			贷方			余额		
月	日			数量	单位成本	金额 十万千百十元角分	数量	单位成本	金额 十万千百十元角分	数量	单位成本	金额 十万千百十元角分

项目四　存货岗位会计综合实训

实训会计主体：合源办公家具有限公司

一、会计主体基本信息

公司性质：生产企业（一般纳税人）

公司地址：辽宁省锦宁市滨海路 3 段 2 号

经营范围：生产销售学生课桌椅

法定代表人：刘伟

统一社会信用代码：912107031109195737

开户银行：建设银行解放路支行

账号：16002369874

电话：3669656

主要产品：学生课桌椅

主要材料：旦管、钢板、胶合板

二、会计岗位设置及人员分工

财务科长：赵何云，负责审核会计凭证、编制科目汇总表、登记总账和编制会计报表。

制单会计：王莉，负责编制记账凭证及其他会计工作。

记账会计：张静，负责登记明细账。

出纳：孟莎，负责出纳岗位的工作、登记库存现金和银行存款日记账。

三、其他主要部门人员分工

（1）采购部。

主管陈铭；采购员郑雨欣；采购文员孙海。

（2）仓储部。

主管刘荣祥；材料仓库保管员孙晓；产品仓库保管员程飞；检验员赵旭。

（3）销售部。

主管孙达；销售员张涛；开票员刘婷婷。

四、会计核算政策及有关要求

（1）采用品种法计算产品成本。企业设有一个产品加工车间，所用材料在生产开始时一次投入，其他费用随着加工进度陆续发生，在产品完工程度为60%，采用约当产量法计算完工产品和月末在产品成本。

（2）采用科目汇总表账务处理程序，每半月编制科目汇总表一次。

（3）企业的材料、库存商品等均按实际成本核算。材料、库存商品的计价方法采用月末一次加权平均法。

（4）费用的分配率或加权平均单位成本应精确到0.000 1，计算分配的成本费用应精确到0.01。

五、公司往来单位的有关资料

（1）锦宁市育才培训公司。

统一社会信用代码：912107024512652233

地址、电话：锦宁市中华南路4号　　　3884567

开户银行、账号：工商银行凌南支行　　55671892

（2）沈阳新雅教育公司。

统一社会信用代码：912101104567892544

地址、电话：沈阳市松化西路8号　　　78452231

开户银行、账号：工商银行大东支行　　3257167

（3）兴荣钢材有限公司。

统一社会信用代码：912107041055680225

地址、电话：沈阳市松山东路2-45号　　3881255

开户银行、账号：工商银行上华路支行　　1034568897

（4）新鸿木业有限责任公司。

统一社会信用代码：912107031956100209

地址、电话：锦宁市太和区中宁路6段23号　　　3158979

开户银行、账号：工商银行中宁支行　　　　　　10032650045

六、原材料、库存商品明细账期初余额

证表 4-1

原材料明细账期初余额

材料名称	规格型号	计量单位	数量	单位成本	余额
旦管	25×2.5mm	kg	300	18.00	5 400.00
钢板	0.4mm	m²	500	18.00	9 000.00
胶合板	120×40×15mm	张	200	44.00	8 800.00
合计					

证表 4-2

库存商品明细账期初余额

产品名称	计量单位	数量	单位成本	余额
学生课桌椅	套	300	120	36 000.00
合计				36 000.00

七、月初在产品成本及产品产量资料

证表 4-3

月初在产品成本

成本项目	月初在产品成本
直接材料	15 240
直接人工	13 796
制造费用	1 576
合计	30 612

证表 4-4

产品产量资料

产品名称	月初在产品（套）	本月投入（套）	本月完工（套）	月末在产品（套）
学生课桌椅	300	700	800	200

八、实训要求

（1）填制相关原始凭证。

（2）根据原始凭证，编制记账凭证，记账凭证按经济业务的顺序编号。

（3）登记登记原材料和库存商品明细账并结账。

九、合源办公家具有限公司 2018 年 9 月发生的业务和有关凭证、账页

（1）9 月 1 日，向锦宁市育才培训公司销售学生课桌椅 200 套，单价 180 元，价款 36 000 元，适用的增值税率为 13%，增值税额 4 680 元，价税合计 40 680 元。

证表 4-5

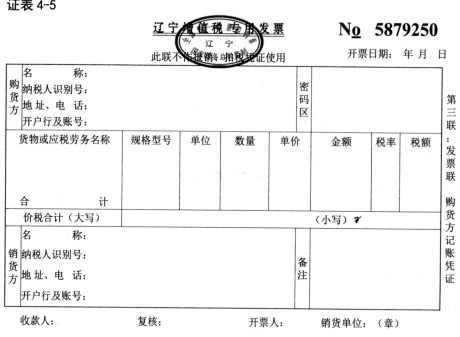

证表 4-6

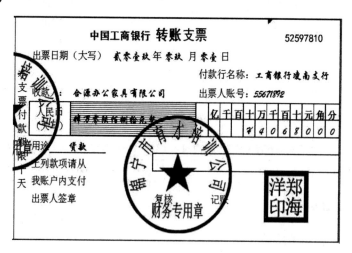

证表 4-7

附加信息：	被背书人	被背书人	
			粘贴单处
	背书人签章　　年　月　日	背书人签章　　年　月　日	

证表 4-8

中国建设银行进账单　（回　单）　1

年　　　月　　　日

出票人	全　称		收款人	全　称										此联是汇出行给汇款人的回单
	账　号			账　号										
	开户银行			开户银行										
金额	人民币（大写）			亿	千	百	十	万	千	百	十	元	角	分
票据种类		票据张数												
票据号码														
				收款人开户银行盖章　年　月　日										
复　核　　　记　账														

证表 4-9

库存商品出库单

年　月　日

用途：　　　　　　　　　　　　　　　　　　　　　仓库：

名称	规格	单位	数量	单位成本	金额	备注	②会计记账
合计							

仓库负责人：　　　　　　　出库经手人：　　　　　　　提货人：

证表 4-10

通用记账凭证

年　月　日

字第　号

摘要	会计科目		借方金额	贷方金额	记账符号
	总账科目	明细科目	千百十万千百十元角分	千百十万千百十元角分	

附单据　张　　合　　计：

会计主管人员　　　记账　　　稽核　　　制单　　　出纳　　　交领款人

（2）9月3日，购买旦管，货已到达办理入库。

证表 4-11

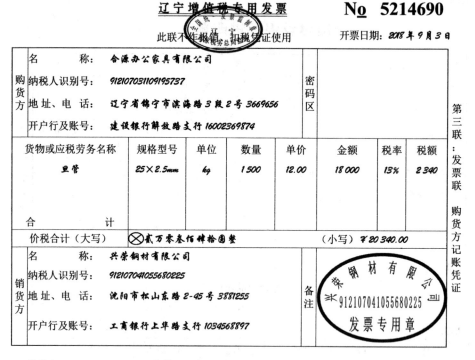

辽宁增值税专用发票　　　№ 5214690

此联不作报销、扣税凭证使用

开票日期：2018 年 9 月 3 日

购货方	名　　　称：	合源办公家具有限公司					密码区	
	纳税人识别号：	912107031109195737						
	地址、电话：	辽宁省锦宁市滨海路3段2号 3669656						
	开户行及账号：	建设银行解放路支行 16002369874						

货物或应税劳务名称	规格型号	单位	数量	单价	金额	税率	税额
旦管	25×2.5mm	kg	1 500	12.00	18 000	13%	2 340
合　　　计							

价税合计（大写）　⊗ 貳万零叁佰肆拾圆整　　　（小写）￥20 340.00

销货方	名　　　称：	兴荣钢材有限公司	备注	
	纳税人识别号：	912107041055680225		
	地址、电话：	沈阳市松山东路2-45号 3881255		
	开户行及账号：	工商银行上华路支行 1034568897		

收款人：　　　复核：孟宇　　　开票人：刘鹏　　　销货单位：（章）

第三联：发票联　购货方记账凭证

证表 4-12

材料入库单

年 月 日

名称	规格	单位	数量		实际成本					
			应收	实收	买价		运杂费	其他	合计	
					单价	金额				
										第二联 会计记账联
合 计										

主管：　　　　　　检验员：　　　　　　保管员：　　　　　　会计：

证表 4-13

中国建设银行 电汇凭证 （回 单）　　　1

委托日期：　　年　月　日

汇款人	全 称		收款人	全 称		此联是汇出行给汇款人的回单
	账 号			账 号		
	汇出地点	省　　市/县		汇入地点	省　　市/县	
	汇出行名称			汇入行名称		
金额	人民币（大写）				亿 千 百 十 万 千 百 十 元 角 分	
			附加信息及用途：			
	汇出行签章			复核　　　记账		

证表 4-14

通 用 记 账 凭 证

年 月 日　　　　　　　　　　　　　　字第 号

摘要	会计科目		借方金额	贷方金额	记账符号
	总账科目	明细科目	千百十万千百十元角分	千百十万千百十元角分	
附单据 张 合 计：					

会计主管人员　　　记账　　　稽核　　　制单　　　出纳　　　交领款人

（3）9月8日，购买钢板，材料尚未到达企业，货款未付。另签发转账支票支付运杂费。

证表 4-15

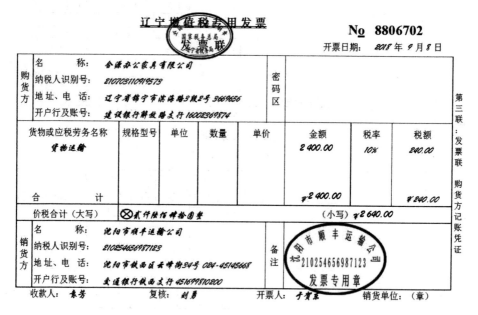

证表 4-16

证表 4-17

中国建设银行 转账支票存根 68307410	本支票付款期限十天	中国建设银行 **转账支票**												68307410

中国建设银行 转账支票　　68307410

中国建设银行
转账支票存根
68307410

附加信息

出票日期　　年　月　日
收款人：
金额：
用途：
单位主管　　会计

出票日期（大写）　　年　月　日
收款人：
人民币（大写）
用途_____
上列款项请从
我账户内支付
出票人签章　　　复核　　　记账

付款行名称：
出票人账号：

亿千百十万千百十元角分

证表 4-18

通用记账凭证

年　月　日　　　　　　　　　　　　字第　号

摘要	会计科目		借方金额										贷方金额										记账符号
	总账科目	明细科目	千	百	十	万	千	百	十	元	角	分	千	百	十	万	千	百	十	元	角	分	
附单据　张　　合　　　计：																							

会计主管人员　　　记账　　　稽核　　　制单　　　出纳　　　交领款人

（4）9月12日，购买的钢板到达企业办理入库。

证表 4-19

材料入库单

年　月　日

名称	规格	单位	数量		实际成本					第二联会计记账联
			应收	实收	买价		运杂费	其他	合计	
					单价	金额				
合　计										

主管：　　　检验员：　　　保管员：　　　会计：

证表 4-20

通用记账凭证

年　月　日　　　　　　　　　　　　　　　　　字第　号

摘要	会计科目		借方金额	贷方金额	记账符号
	总账科目	明细科目	千百十万千百十元角分	千百十万千百十元角分	
附单据　张		合　计：			

会计主管人员　　　记账　　　稽核　　　制单　　　出纳　　　交领款人

（5）9月13日，签发5个月期银行承兑汇票支付前欠兴荣钢材有限公司的货款。

证表 4-21

银行承兑汇票（存　根）　　　3

出票日期
（大写）　　　　年　　　月　　　日　　　汇票号码 050217

付款人	全　称		收款人	全　称		此联出票人存查
	账　号			账　号		
	开户银行			开户银行		
出票金额	人民币（大写）		亿千百十万千百十元角分			
汇票到期日（大写）			付款人开户行	行号		
承兑协议编号				地址		
			备注：			

证表 4-22

通用记账凭证

年　　月　　日　　　　　　　　　　　　　　　字第　　号

摘要	会计科目		借方金额	贷方金额	记账符号
	总账科目	明细科目	千百十万千百十元角分	千百十万千百十元角分	

附单据　　张　　　合　　　计：

会计主管人员　　　记账　　　稽核　　　制单　　　出纳　　　交领款人

（6）9月14日，购买胶合板，货已到达办理入库，签发转账支票付款。

证表 4-23

辽宁增值税专用发票

No 1269810

发票联

开票日期：2018 年 9 月 14 日

	名　称：合源办公家具有限公司
购货方	纳税人识别号：210703110919573
	地址、电话：辽宁省锦宁市滨海路3段2号 369656
	开户行及账号：建设银行解放路支行1602369874

密码区

第三联：发票联　购货方记账凭证

货物或应税劳务名称	规格型号	单位	数量	单价	金额	税率	税额
胶合板	120×40×15mm	块	1000	50.00	50 000.00	16%	8 000.00
合　　计					￥50 000.00		￥8 000.00

价税合计（大写）　⊗伍万捌仟圆整　　　　　（小写）￥58 000.00

	名　称：新鸿木业有限责任公司
销货方	纳税人识别号：210703195610020
	地址、电话：锦宁市太和区中宁路6段23号 315879
	开户行及账号：工商银行中宁支行1003265004 5

新鸿木业有限责任公司 210703195610020 发票专用章

收款人：　　　复核：和颜　　　开票人：徐星宇　　　销货单位：（章）

证表 4-24

材料入库单

年　月　日

名称	规格	单位	数量		实际成本				
			应收	实收	买价		运杂费	其他	合计
					单价	金额			
合　计									

主管：　　　　　检验员：　　　　　保管员：　　　　　会计：

第二联会计记账联

证表 4-25

| 中国建设银行 转账支票存根 68307410 附加信息 _____ _____ 出票日期　年　月　日 收款人： 金额： 用途： 单位主管　会计 | 本支票付款期限十天 | 中国建设银行 **转账支票**　　　　68307410 出票日期（大写）　年　月　日　　　付款行名称： 收款人：　　　　　　　　出票人账号： 人民币（大写）　　　　　亿千百十万千百十元角分 用途_____ 上列款项请从我账户内支付 出票人签章　　　复核　　　记账 |

9 月 15 日，车间生产学生课桌椅领用旦管 800kg，领用钢板 800kg，胶合板 400 张。

证表 4-26

领料单

领用单位：　　　　　　年　月　日

材料名称	规格型号	计量单位	请领数量	实发数量	总成本	
					单位成本	金额
合计						
用途	领料部门		发料部门		财务部门	
	负责人	领料人	核准人	发料人	会计	

9 月 15 日，学生课桌椅 600 套完工，办理产品入库。

证表 4-27

产成品入库单

年 月 日

交货部门： 编号：

名称	规格	单位	数量	单位成本	金额	备注	②会计记账
合计							

仓库负责人： 入库经手人：

（7）9月17日，公司向沈阳新雅教育公司销售学生课桌椅500套，单价190元，价款95 000元，适用的增值税率为16%，增值税额15 200元，价税合计110 200元。款项暂未收到。

证表 4-28

辽宁增值税专用发票　　　　　　**No 5879251**

此联不得作为抵扣凭证使用　　　　开票日期： 年 月 日

购货方	名　　称：					密码区				第一联：记账联 销货方记账凭证
	纳税人识别号：									
	地址、电话：									
	开户行及账号：									
货物或应税劳务、服务名称	规格型号	单位	数量	单价		金额	税率	税额		
合　　　计										
价税合计（大写）					（小写）￥					
销货方	名　　称：					备注				
	纳税人识别号：									
	地址、电话：									
	开户行及账号：									

收款人： 复核： 开票人： 销货单位：（章）

证表 4-29

库存商品出库单

年 月 日

用途： 仓库：

名称	规格	单位	数量	单位成本	金额	备注	②会计记账
合计							

仓库负责人： 出库经手人： 提货人：

证表 4-30

通 用 记 账 凭 证

年　月　日

字第　　号

摘要	会计科目		借方金额	贷方金额	记账符号
	总账科目	明细科目	千百十万千百十元角分	千百十万千百十元角分	
附单据　　张　　合　　　计：					

会计主管人员　　　记账　　　稽核　　　制单　　　出纳　　　交领款人

（8）9月20日，购买旦管，料暂未收到，货款尚未支付。

证表 4-31

辽宁增值税专用发票

No 5214690

开票日期：2018年 9 月 20 日

购货方	名　　　称：	合源办公家具有限公司					密码区		
	纳税人识别号：	912102031109195737							
	地址、电话：	辽宁省锦宁市滨海路3段2号 3669656							
	开户行及账号：	建设银行解放路支行1600236874							

货物或应税劳务名称	规格型号	单位	数量	单价	金额	税率	税额
旦管	25×2.5mm	kg	400	12.50	5 000.00	13%	650.00
合　　　计					￥5 000.00		￥650.00
价税合计（大写）	⊗伍仟陆佰伍拾圆整				（小写）￥5 650.00		

销货方	名　　　称：	兴荣钢材有限公司	备注	
	纳税人识别号：	912107041055680225		
	地址、电话：	沈阳市松山东路2-45号 3881255		
	开户行及账号：	工商银行上华路支行1034568897		

收款人：　　　复核：孟宇　　　开票人：刘鹏　　　销货单位：（章）

第三联：发票联　购货方记账凭证

证表 4-32

通 用 记 账 凭 证

年　月　日　　　　　　　　　　　字第　号

摘要	会计科目		借方金额	贷方金额	记账符号
	总账科目	明细科目	千百十万千百十元角分	千百十万千百十元角分	
附单据　　张　　合　　　计：					

会计主管人员　　　记账　　　稽核　　　　　制单　　　出纳　　　交领款人

（9）9月21日，以现金支付购买旦管的运费。

证表 4-33

证表 4-34

通 用 记 账 凭 证

年　月　日　　　　　　　　　　　　　　　字第　号

摘要	会计科目		借方金额										贷方金额										记账符号
	总账科目	明细科目	千	百	十	万	千	百	十	元	角	分	千	百	十	万	千	百	十	元	角	分	
附单据　张　　合　　计:																							

会计主管人员　　　记账　　　稽核　　　　制单　　　　出纳　　　交领款人

（10）9月25日，购买的旦管到达企业，办理入库。

证表 4-35

材料入库单

年　月　日

名称	规格	单位	数量		实际成本					第二联 会计记账联
			应收	实收	买价		运杂费	其他	合计	
					单价	金额				
合　计										

主管:　　　　　检验员:　　　　　　保管员:　　　　　会计:

证表 4-36

通 用 记 账 凭 证

年　月　日　　　　　　　　　　　　　　　字第　号

摘要	会计科目		借方金额										贷方金额										记账符号
	总账科目	明细科目	千	百	十	万	千	百	十	元	角	分	千	百	十	万	千	百	十	元	角	分	
附单据　张　　合　　计:																							

会计主管人员　　　记账　　　稽核　　　　制单　　　　出纳　　　交领款人

（11）9月27日，收到沈阳新雅教育公司签发的银行承兑汇票一张，为归还的前欠货款。

证表4-37

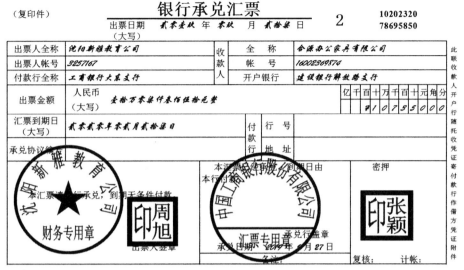

证表4-38

通用记账凭证

年　月　日　　　　　　　　　　　　　　字第　号

摘要	会计科目		借方金额										贷方金额										记账符号
	总账科目	明细科目	千	百	十	万	千	百	十	元	角	分	千	百	十	万	千	百	十	元	角	分	
附单据　张　　合　　计：																							

会计主管人员　　　　记账　　　　稽核　　　　制单　　　　出纳　　　　交领款人

9月30日，车间生产学生课桌椅领用旦管400kg，领用钢板600kg，胶合板200张。

证表4-39

领 料 单

领用单位：　　　　　　　　　　　　　年　月　日

材料名称	规格型号	计量单位	请领数量	实发数量	总成本	
					单位成本	金额
	合计					
用途		领料部门		发料部门		财务部门
		负责人	领料人	核准人	发料人	会计

（12）9月30日，根据15日和30日的领料单计算并结转发出材料成本。

证表4-40

通 用 记 账 凭 证

年　月　日　　　　　　　　　　　　　　　　　　　字第　号

摘要	会计科目		借方金额		贷方金额		记账
	总账科目	明细科目	千百十万千百十元角分		千百十万千百十元角分		符号
附单据　　张		合　　计：					

会计主管人员　　　　记账　　　　稽核　　　　制单　　　　出纳　　　　交领款人

9月30日，学生课桌椅200套完工，办理产品入库。

证表4-41

产成品入库单

年　月　日

交货部门：　　　　　　　　　　　　　　　　　　　　编号：

名称	规格	单位	数量	单位成本	金额	备注	②会计记账
合计							

仓库负责人：　　　　　　　　　　　　　入库经手人：

（13）9月30日，计算完工产品成本。本月公司生产学生课桌椅耗用材料费用 69 660 元；负担直接人工费 47 200 元；结转的制造费用 5 600 元。

证表 4-42

产品成本计算单

车间名称：

产品名称：　　　　　　　　　　　年　　月　　日

摘要	直接材料	直接人工	制造费用	合计
月初在产品成本				
本月生产费用				
生产费用合计				
单位成本				
本月完工产品成本				
月末在产品成本				

证表 4-43

通 用 记 账 凭 证

年　　月　　日　　　　　　　　　　　　　　　　字第　　号

摘要	会计科目		借方金额	贷方金额	记账
	总账科目	明细科目	千百十万千百十元角分	千百十万千百十元角分	符号

附单据　　张　　　　合　　　　计：

会计主管人员　　　　记账　　　　稽核　　　　制单　　　　出纳　　　　交领款人

（14）9月30日，结转已销产品成本。

证表 4-44

产品销售成本计算表

年　　月　　日

产品名称	计算单位	本月销售产品		
		数量	单位成本	总成本
合计				

证表 4-45

通 用 记 账 凭 证

年　月　日
字第　号

摘要	会计科目		借方金额	贷方金额	记账符号
	总账科目	明细科目	千百十万千百十元角分	千百十万千百十元角分	
附单据　　张　　　合　　　计：					

会计主管人员　　　　记账　　　　稽核　　　　　制单　　　　出纳　　　交领款人

证表 4-46

原材料明细账

编号	
名称	卫管

计划价格：　　　　　　　计量单位：

年		凭证编号		摘要	收入（借方）			支出（贷方）			余额		
月	日	字	号		数量	单价	金额 十万千百十元角分	数量	单价	金额 十万千百十元角分	数量	单价	金额 十万千百十元角分

证表 4-47

原材料明细账

编号	
名称	钢板

计划价格：　　　　　　计量单位：

年		凭证编号		摘要	收入（借方）										支出（贷方）										余额										
					数量	单价	金额								数量	单价	金额								数量	单价	金额							
月	日	字	号				十	万	千	百	十	元	角	分			十	万	千	百	十	元	角	分			十	万	千	百	十	元	角	分

证表 4-48

原材料明细账

编号	
名称	胶合板

计划价格：　　　　　　计量单位：

年		凭证编号		摘要	收入（借方）										支出（贷方）										余额										
					数量	单价	金额								数量	单价	金额								数量	单价	金额							
月	日	字	号				十	万	千	百	十	元	角	分			十	万	千	百	十	元	角	分			十	万	千	百	十	元	角	分

证表 4-49

库 存 商 品 明 细 账

类别：　　　品名：　　　规格：　　　计量单位：　　　存放地点：

年		凭证编号	摘要	借方											贷方											余额										
				数量	单位成本	金额									数量	单位成本	金额									数量	单位成本	金额								
月	日					十	万	千	百	十	元	角	分			十	万	千	百	十	元	角	分			十	万	千	百	十	元	角	分